KB234253

부동산 P2P 투자 따라하기

부동산 투자 · 주식 투자보다 쉬운 P2P의 비밀

부동산 P2P 투자 따라하기

초판 1쇄 인쇄일 2017년 9월 7일
초판 1쇄 발행일 2017년 9월 15일

지은이 김병석 우지순
펴낸이 양옥매
디자인 남다희 송다희
교　정 조준경

펴낸곳 도서출판 책과나무
출판등록 제2012-000376
주소 서울특별시 마포구 방울내로 79 이노빌딩 302호
대표전화 02.372.1537　**팩스** 02.372.1538
이메일 booknamu2007@naver.com
홈페이지 www.booknamu.com
ISBN 979-11-5776-470-9(13320)

이 도서의 국립중앙도서관 출판시도서목록(CIP)은 서지정보유통지원 시스템
홈페이지(http://seoji.nl.go.kr)와 국가자료공동목록시스템
(http://www.nl.go.kr/kolisnet)에서 이용하실 수 있습니다.
(CIP제어번호 : CIP2017022603)

*저작권법에 의해 보호를 받는 저작물이므로 저자와 출판사의 동의 없이 내용의 일부를
  인용하거나 발췌하는 것을 금합니다.
*파손된 책은 구입처에서 교환해 드립니다.

누구나 쉽게 성공할 수 있다.
부동산 투자 · 주식 투자보다 쉬운 P2P의 비밀

부동산 P2P 투자 따라하기

김병석
우지순

P2P 대출 (Peer-to-peer lending)
크라우드펀딩 개념에 기반을 둔
온라인 대출 서비스

투자자에게는 새로운 투자 기회를!
창업 · 중소기업에는 자금 조달 기회를!

P2P 대출Peer-to-peer lending은 크라우드펀딩 개념에 기반을 둔 온라인대출 서비스를 말한다

여기에서 '크라우드펀딩'이란 개인·법인사업자가 중개업자의 인터넷플랫폼을 통해 불특정 다수의 투자자로부터 소액의 자금을 출자·대출 및 기부 등의 방식으로 자금을 모집하는 방법을 말한다.

간단히 말해, 개인 간의 직거래 방식 금융서비스를 'P2P 대출'이라 할 수 있다. 대출자의 신용등급에 따라 복잡한 조회와 절차를 거치지 않고 P2P 형태로 간소화시켜 대출을 간편하게 받을 수 있으며, 투자를 위한 분석 리포팅을 통해 펀딩 상품을 제공하고 투자를 유치할 수 있다.

이 과정에서 투자자는 대출자의 대출상품 정보를 확인하고 투자분석을 할 수 있다. 투자자는 투자금액, 투자기간, 투자이율에 따라 투자를 할 수 있으며, 대출자는 대출상환 계획에 따른 금리와 기간에 투자를 받을 수 있다. 이때 대출자와 투자자는 은행처럼 복잡한 절차와 검증을 거치지 않는다. 그리고 대출자와 투자자는 금리와 기간에 상호 충족이 가능하다.

이 책은 P2P에 관심이 있는 사람들이라면 누구나 P2P 전문가가 되어 투자에 대한 자신감과 수익을 극대화할 수 있도록 금융 기본 용어 설명에서부터 핀테크와 크라우딩펀딩, 플랫폼의 세부적 발전 과정과 법령을 쉽게 해석하고 있다. 이 책이 당신을 재테크 전문가로 거듭나게 하는 지침서가 되길 바란다.

2017년 9월

김병석 · 우지순

PART2. P2P 대출

PART3. P2P 투자 

P2P 대출의
기본

P2P는 영어 'Peer-to-Peer'의 약자로, 사람과 사람 개인 간의 대출이다. 은행대출의 경우, 돈이 있는 사람이 은행에 이자수익을 받고 예금을 하면 돈이 필요한 사람은 은행에 이자를 지급하고 돈을 빌려 가는 방식이지만, 'Peer-to-Peer' 대출은 중간역할을 하는 은행을 거치지 않고 개인과 개인 간에 돈을 빌려주고 갚을 수 있는 중개의 장을 만들어 주는 사업이다.

따라서 P2P 대출의 경우, 돈을 빌리고자 하는 사람은 빠르고 편리하게 낮은 금리로 돈을 빌릴 수 있고, 돈을 빌려준 사람은 일반 예·적금보다 높고 펀드나 주식보다 안정적인 수익률을 얻을 수 있다. 은행이나 사금융이 아닌 다수의 투자자가 돈을 모아 자금이 필요한 대출희망자, 즉 개인이나 기업에게 직접 빌려주는 새로운 대출 방식이다.

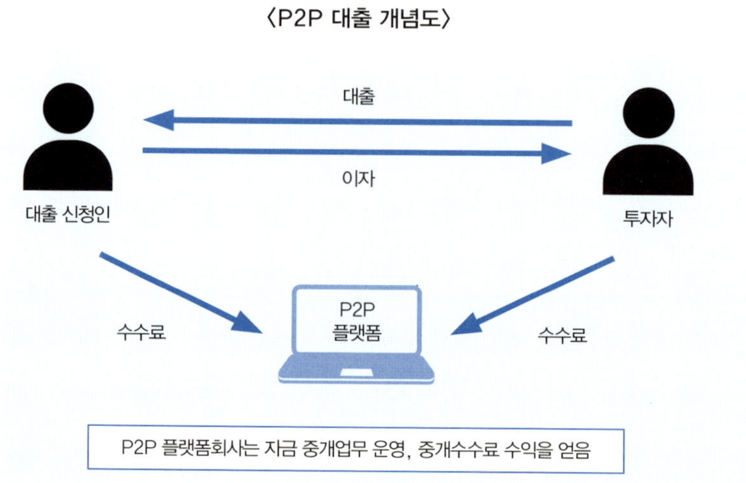

〈P2P 대출 개념도〉

P2P 금융은 쉽게 생각해서 온라인 은행이라고 생각하면 된다. P2P 금융은 온라인 플랫폼을 통해서 투자자가 대출자에게 대출을 할 수 있도록 투자를 하고, 대출자는 P2P 금융을 통해서 원금+이자를 상환하여 투자자에게 확정수익의 이자를 지급해 준다.

1

P2P 대출_{peer-to-peer Lending}의 개념

P2P 대출이란 기업이나 개인이 금융 중개기관을 거치지 않고 온라인 플랫폼을 통하여 대출계약을 직접 체계하는 방식으로 크라우드펀딩_{Crowd Funding}[1]의 한 종류로서 대출형 크라우드펀딩에 해당되며, 소셜네트워크서비스_{SNS}를 활용한다는 점에서 '소셜렌딩_{Social Lending}'이라고 칭하기도 하고, 최근에는 P2P 대출에 참여하는 대상이 개인, 기관투자자, 개인사업자, 기업 등 다양해짐에 따라 '시장형 대출_{Marketplace Lending}'이라고 칭하기도 한다.

■ 크라우드펀딩의 투자유형 분류

크라우드펀딩은 금융중개기관(예: 은행)을 통하는 간접금융과 달리, IT 기술의 발전을 기반으로 인터넷 등 온라인을 통해 연결된 자금수요자 대출자(빌리는 자)와 투자자(빌려주는 자)가 크라우드펀딩 중개업체 플랫폼을 통해 불특정 다수의 소액투자자로부터 자금을 조달하는 직접금융의 크라우드펀딩 방식이다.

(1) 온라인 쇼핑몰에서 물건을 구입하듯이 모바일, 웹사이트, SNS 등을 활용한 플랫폼을 통해 공개된 대출자 정보를 불특정 다수의 투자자가 확

---

1) 대중을 뜻하는 '크라우드(Crowd)'와 자금 조달을 뜻하는 '펀딩(Funding)'을 조합한 용어로, 온라인 플랫폼을 이용해 다수의 대중으로부터 자금을 조달하는 방식을 말한다. 초기에는 트위터, 페이스북 같은 소셜네트워크서비스(SNS)를 적극 활용해 '소셜 펀딩'이라고 불리기도 했다.

인하고 이를 직접 구매하는 형태이다.

(2) 크라우드펀딩의 투자 유형은 비투자형과 투자형으로 구분할 수 있다.

크라우드펀딩의 투자 유형

유 형		세부 방식	대표적 업체
비투자형	기부형	순수한 기부 방식	
	후원형	자금지원행위에 대한 비금전적 보상	kickstarter, indiegogo 등
투자형	대출형	인터넷 플랫폼의 대출 중개 및 관련 서비스 제공	모두펀딩, Lending Club, 머니옥션, 팝펀딩 등
	지분 투자형	자금지원의 보상으로 지분 취득 및 배당금 수취	Angel List, 오픈트레이드 등

■ 크라우드펀딩의 유형

크라우드펀딩의 자금모집 및 보상 방식에 따라 후원·기부형, 대출형(P2P), 증권형(투자형)으로 분류할 수 있다.

크라우드펀딩 유형 종류

종류	자금모집 방식	보상 방식	주요 사례
후원·기부형	후원금·기부금 납입	무상 또는 비금전적 보상	문화·예술· 아이디어 상품
대출형(P2P)	대출계약	유상(이자)	자금이 필요한 개인·사업자
증권형(투자형)	증권(주식 채권) 발행	유상(배당, 이자 등)	창업 초기 기업

(1) 후원형은 기부형과 유사하나, 주로 자금모집 목적과 직접적인 연관성이 있는 티켓, 시제품 등 비금전적 혜택을 자금공급자에게 보상rewards으로 제공한다.

(2) 기부형은 자금공급자가 경제적 보상이 없이 무상으로 자금을 제공하는 경우로 주로 문화·예술·복지 분야에서 이루어진다.

(3) 대출형Peer-to-peer, P2P은 자금공급에 대한 반대급부로 이자를 제공받는 경우로, 주로 은행과 같은 제도권 금융회사의 이용이 쉽지 않은 개인 또는 사업자 등이 자금을 조달한다.

(4) 증권형(투자형)은 자금공급에 대한 반대급부로 주식 등 증권을 수취하고 사업으로부터 발생하는 이익을 배분받는 경우로, 주로 창업 초기단계seed, start-up의 기업이 자금수요자가 된다.

■ P2P 대출 구성 요소

P2P 대출을 구성하는 요소는 크게 대출자, 투자자, 플랫폼이다.

(1) 대출자는 대출 이용의 주체로서 대출 신청에 필요한 제반서류를 제출해야 하고, 대출이 실행된 이후부터는 정기적으로(매월) 대출이자와 상환일에 원금을 상환해야 할 의무가 있다.

(2) 투자자는 대출 제공의 주체로서 투자금액에 대한 이자를 받을 권리가 있고, 대출자가 채무를 불이행할 경우 투자손실 위험을 부담한다.

(3) 플랫폼은 대출자와 투자자를 연결해 주는 주체로서 대출 적정성 여부를 판단하고, 투자자를 모집하여 대출을 실행하여 대출자로부터 회수한 이자와 원리금을 투자자에게 배분한다.

<h2 align="center">P2P대출 구성요소</h2>

구분	급부	반대급부	참여자
대출자	투자 기회 제공	자금조달	개인, 개인사업자, 중소기업
투자자	대출재원을 제공	투자수익	개인, 전문투자자, 기관투자자
플랫폼	대출자와 투자자를 연결	수수료	핀테크(Fin-tech) 스타트업

■ P2P 대출 흐름도

부동산의 담보대출, 부동산개발, 건축에 필요한 자금, 리모델링 자금, 신용대출, 제품생산 자금 등을 P2P 업체에서 대출상품을 만들고 목표금액을 정한 다음, 불특정 다수의 회원들을 모집하여 투자자금을 모아, 대출신청인에 자금을 조달해 주는 방식으로 이루어진다.

이전에는 자금이 필요한 대출신청인은 은행이나 개인적인 관계를 통해 조달하였으나, 부동산 P2P 대출 투자 시스템은 진행되는 과정을 투명하게 온라인을 통해 진행하는 방식으로 이루어진다는 점에서 기존 대출과 다르다고 할 수 있다.

〈기존 금융권 대출 개념도〉

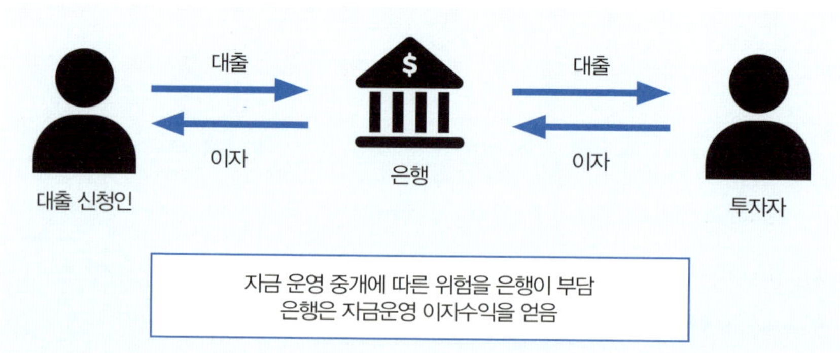

〈P2P 대출 개념도〉

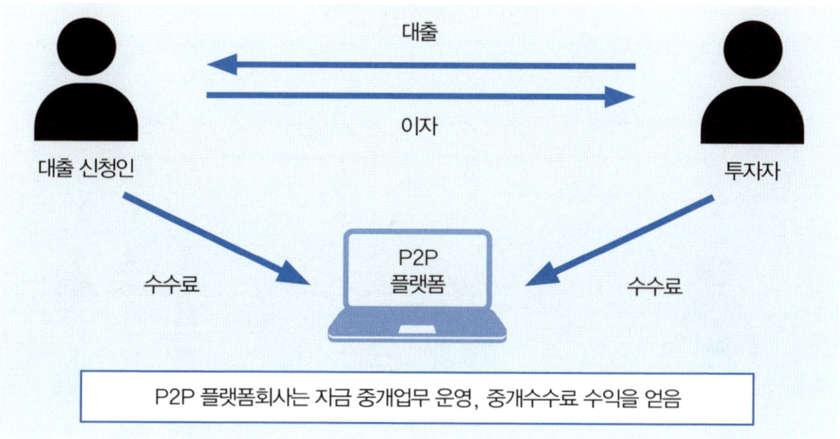

■ P2P 대출 진행 절차

대출신청인은 플랫폼 회사와 대출계약 약정을 하고, P2P 플랫폼 회사는 홍보를 통해 투자자를 모집하여 투자 자금을 확보하여 대출신청인에 대출을 진행해 주고 대출기간에 따른 이자와 상환기간 약정을 하고 이자를 투자자에게 지급해 주는 온라인 중개 업무를 〈그림1〉처럼 운영하는 구조이다.

(1) P2P 대출은 은행에 직접 방문하지 않고 온라인으로 대출서비스를 이용할 수 있는 편의성과 효율적 운영을 통한 비용 절감을 통해 대출자에게는 낮은 금리로 대출할 수 있는 기회를, 투자자에게는 은행 예금보다 높은 기대 수익을 제공한다.

(2) 대출 신청인이 P2P 플랫폼에 등록을 하면 P2P 플랫폼을 통해 다수의 투자자들에게 홍보·투자유치를 하게 되고, 투자자들은 이를 참고하여 대출 의사결정을 내리게 된다. 그리고 대출 만기일까지 대출 신청인으로부터 이자와 원금을 수취하게 된다.

P2P 대출 진행 절차

〈그림1〉 P2P대출 흐름도

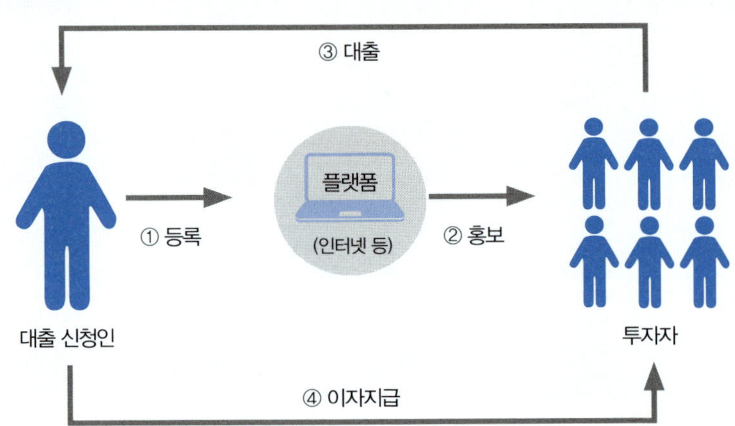

〈그림2〉 기존 금융거래

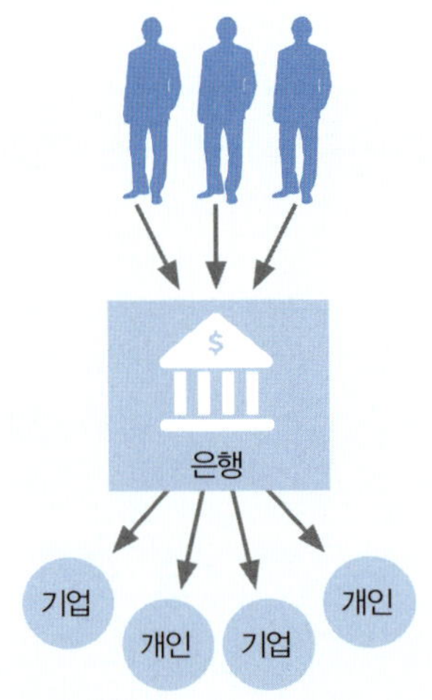

〈그림3〉 P2P대출 금융거래

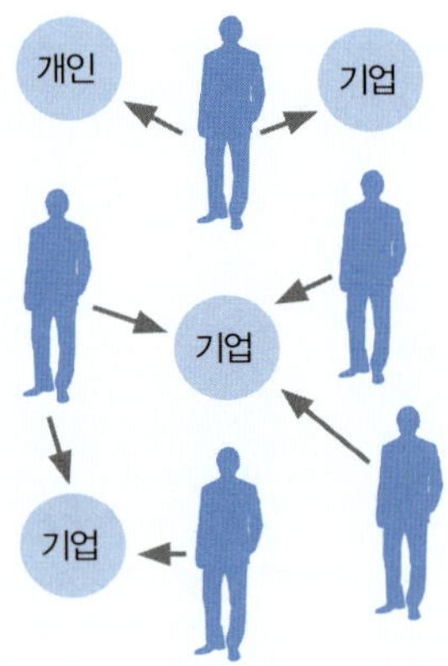

■ P2P 대출과 은행대출 비교

은행의 경우 〈그림2〉처럼 은행이 예금자와 대출자 사이에서 금융 중개기능을 담당하고 있는 반면, P2P 대출의 경우 〈그림3〉처럼 금융 중개 기관 없이 온라인 플랫폼 상에서 대출 신청인과 다수의 투자자들이 직접 거래를 하게 된다.

(1) P2P 운용 구조도

투자자에게 신뢰를 위해서 은행과 연계하여 대출상품을 개발하기도 하고, 대부업 자회사를 설립하여 P2P 플랫폼 회사는 통신판매업 영업을 통한 대출 중개 업무를 수행하고 자금의 운영·관리는 대부업 자회사가 운영하는 구조이다.

(2) 국내 P2P 대출 운영 모델

원리금 수취권 매매형

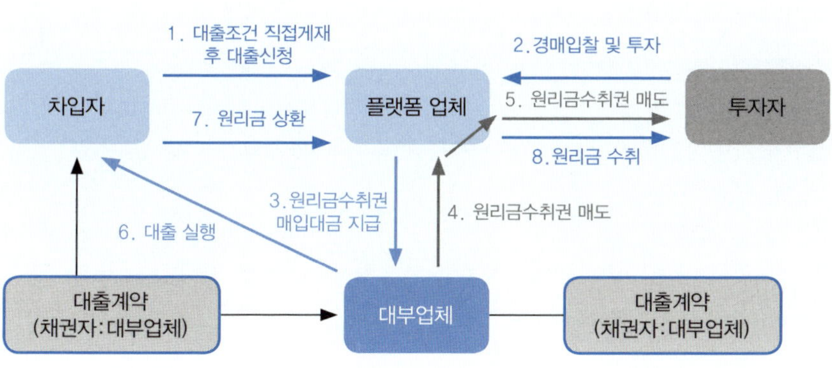

금융기관 제휴형

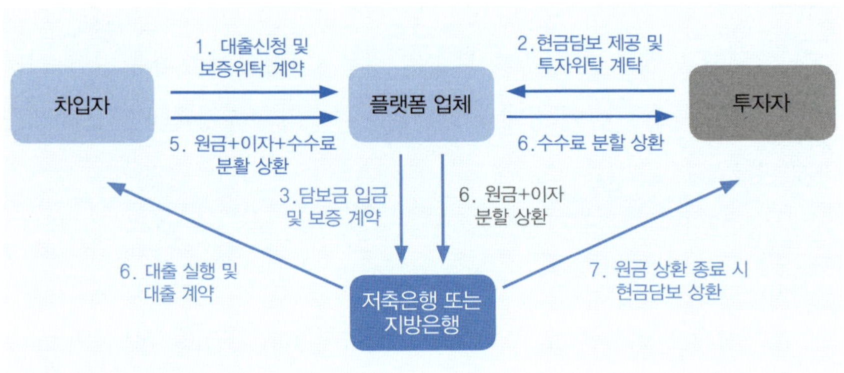

자료: 한국금융연구원

2

P2P 대출 프로세스

　대출 신청인이 대출을 신청하면 온라인 플랫폼 회사는 상환(원금+이자)에 대한 분석을 통해 대출금액, 금리, 상환계획 등을 대출자와 약정하는 계약을 체결하고 온라인상에 물건정보를 게재하여 투자자들의 자금이 모집 마감되면 투자금액을 투자자에게 지급해 주는 구조이다.

　일반적인 P2P 대출 프로세스는 1. 대출 신청 2. 대출 심사 및 평가 3. 공시 4. 대출 구매 5. 대출 실행 6. 상환 순으로 이루어진다.

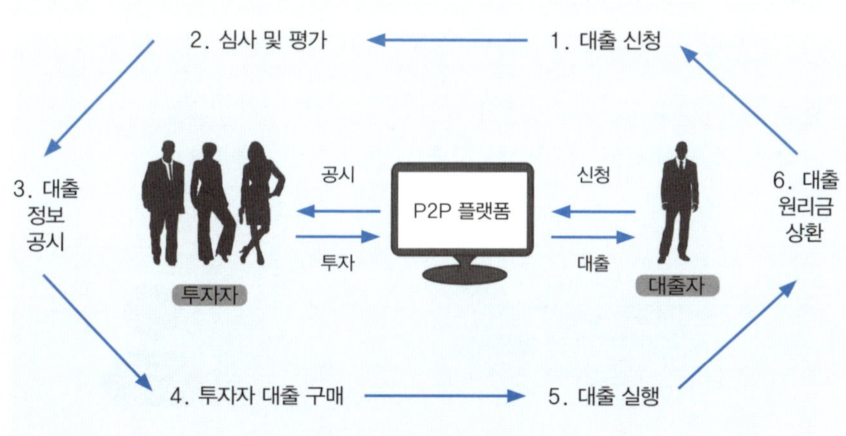

자료: 한국소비자원, 온라인 P2P대출 서비스 실태조사, 2016.6.

■ 온라인 대출 신청 서비스

　P2P 플랫폼 회사는 온라인에 기반을 두고 운영하기에 모바일 및 온라인

서비스 영역에서 대출 신청과 투자자 모집을 하는 등 모든 업무가 대부분 온라인상으로 이루어진다.

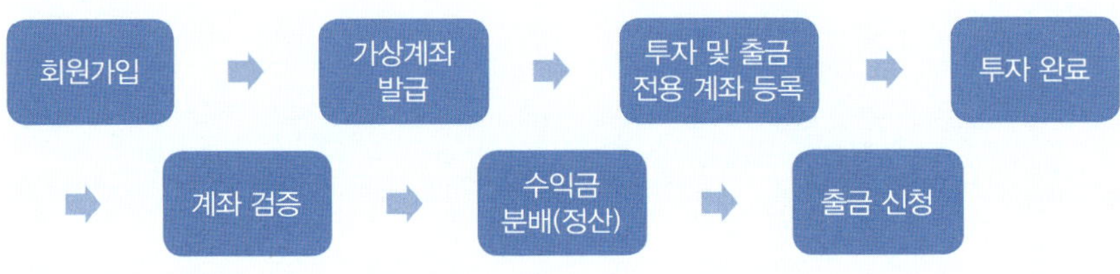

■ P2P 금융, 필요한 고금리 대출자들에게 해답

대출을 희망하는 개인(기업)이 P2P 금융 플랫폼을 통해 투자를 원하는 개인(기업)에게 직접 돈을 빌리는 금융 구조를 말한다. 기존에는 대출을 받기 위해 반드시 은행 등 금융기관을 이용해야 했으며, 대출을 받기 위한 담보 가치, 신용도, 소득증빙 등 대출 요건이 충족되지 못해 대출을 받지 못해 고금리 대출 시장을 찾을 수밖에 없었지만, P2P 금융의 등장으로 대출을 받기 위한 개인(기업)은 더 다양한 선택의 기회를 얻게 되었다.

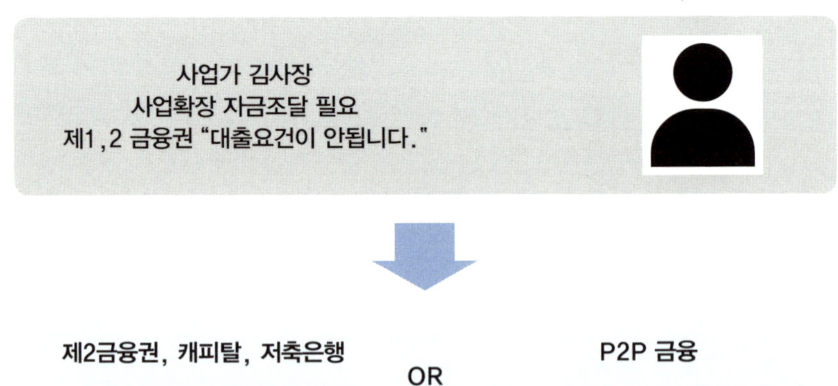

■ P2P 사업 구조

인터넷을 통한 개인(법인) 투자자와 개인(법인) 대출자를 연결해 주는 서비스 금융시장이다. P2P 금융회사가 투자자들로부터 모은 돈을 기반으로 돈이 필요한 개인(기업)에게 대출을 해 주는, 모바일과 인터넷을 기반으로 운영되는 간단한 구조이다.

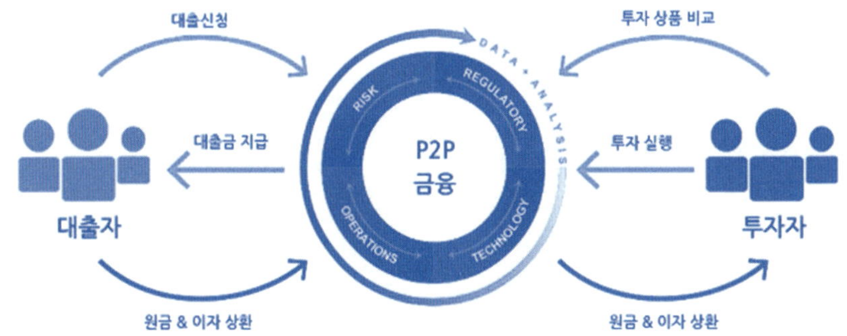

■ P2P 대출의 구분

대출 종류는 담보의 유무에 따라 신용대출과 담보대출로 구분할 수 있다.

⑴ 신용대출의 경우, 대출자의 채무불이행이 발생하였을 때 투자자가 보상을 받을 수 있는 방법이 없기 때문에 손실에 대비한 신용평가 기술이 요구된다.

⑵ 담보대출의 경우, 부동산을 비롯하여 은행에서는 취급하기 어려운 동산, 명품, 저작권 등에 대해서도 대출을 취급하고 있으며 신용대출에 비해 상대적으로 안전하다.

P2P 대출의 구분

구 분	서비스 형태	
대출자	소비자 대출	사업자 대출
이자율 결정	역경매 방식	고정이자율 방식
대출심사	플랫폼이 직접 수행	투자자 직접수행 방식
대출연결	일대다	다대다
담보 유무	신용대출	담보대출

③

P2P 대출의 장점과 단점

현재 국내에는 많은 P2P 금융업체가 있는데, 투자 방법은 굉장히 간단하여 특별한 전문지식이 없어도 온라인으로 간편하고 손쉽게 투자를 할 수 있다. 모바일이나 웹사이트를 통해 P2P 금융업체에 접속해 회원 가입을 하고 자신이 원하는 금융상품을 선택하여 투자 신청을 하면 되고, 투자가 선착순으로 마감되기 때문에 투자상품에 대한 분석을 누구보다도 빠르게 신청해야 투자를 할 수 있다.

P2P 금융의 가장 큰 장점은 비교적 다른 금융 상품보다 안정적이면서 투자금액도 소액투자로 높은 수익을 낼 수 있다는 점이지만, 투자자 보호제도가 없으며 위험에 대한 책임을 투자자 스스로 부담해야 한다는 단점이 있다.

P2P 대출의 장점 및 단점

구 분		내 용
장점	투자자	높은 투자수익, 낮은 상관관계, 편리성, 투자 접근성
	대출자	대출자 낮은 대출금리, 새로운 자금공급처, 재무상태 개선
	경제	비용 효율화, 경제 성장에 기여, 금융공백 최소화, 금융 산업의 효율화, 체계적 위험 감소
위 험		사기 위험, 채무불이행 위험, 플랫폼 위험, 공급 부족 위험, 유동성 위험, 조기상환 위험, 해킹 위험

■ **P2P 대출 장점**

(1) 투자자

① 높은 수익 : 투자자는 은행상품보다 높은 투자수익이 가능하고, 원금 손실 위험은 분산투자를 통해 위험성을 낮출 수 있다.

② 낮은 상관관계 : P2P 대출은 주식, 채권 등의 투자자산과 상관관계가 낮아 투자포트폴리오에 접목함으로써 위험을 낮출 수 있다.

③ 편리성 : 스마트폰이나 인터넷 연결만 되면 시간과 장소에 구애받지 않고 언제 어디서든 투자가 가능하다.

④ 소액투자 가능 : 소액(미국25$, 영국10£, 중국 100Y, 한국 1,000원)으로 투자가 가능하다.

※ 국내 P2P 대출 플랫폼 회사는 최소 1천 원부터 1만 원으로도 투자할 수 있다.

(2) 대출자

① 낮은 대출금리 : 카드대금, 현금서비스, 캐피탈 대출 등을 상환하거나 대출금을 대환하는 P2P 대출금리가 더 저렴(P2P 대출 평균 금리 13.5%)하다.

② 대출의 신규 금융업체 : 은행 등 금융기관, 캐피탈, 보험사 등을 통해서만 대출이 가능했던 기존의 방식과는 달리, P2P 대출 플랫폼을 통해서 손쉽게 대출이 가능하다.

③ 재무상태 개선 : 기존 고금리 대출자는 P2P 저금리 대출로 대환 Refinancing함으로써 금융비용을 경감시킬 수 있다.

(3) 경제적인 측면

① 비용 효율화 : P2P 대출은 모든 업무를 휴대폰이나 온라인으로 처리하기 때문에 은행처럼 다수의 지점과 많은 인력이 필요 없어 운영 및 관리 비용을 절감할 수 있다.

※ 영국 P2P 대출 최대플랫폼인 조파의 직원 수는 187명에 불과하고, 미국 렌딩클럽보고서에 따르면 같은 서비스를 제공하면서도 P2P 대출의 경우 은행보다 운영비용이 60%가 더 낮다.

② 경제성장에 기여 : 경제성장의 원동력인 중소기업의 자금 지원을 통해 일자리 창출과 경제 회복에 기여할 수 있다.

③ 금융공백 최소화 : 은행 대출의 엄격한 기준과 요건 때문에 대출을 받지 못한 개인과 중소기업에게 P2P 대출이 대안을 제시함으로써 금융공백을 최소화할 수 있다.

④ 금융산업의 효율화 : 사용자 친화적이고 효율적인 P2P 대출은 은행과의 경쟁구도를 통해 대출자나 투자자에게 더 좋은 이율을 제공할 수 있을 뿐만 아니라, 기존 금융산업의 혁신적이고 효율적인 변화를 유도할 수 있다.

⑤ 체계적 위험 감소 : P2P 대출은 기존 은행에서 부담하는 채무불이행 위험을 투자자에게 이전함으로써 체계적인 위험Systemic Risk 요소를 낮출 수 있다.

※ P2P 대출을 통해 투자자가 돈을 빌리면 채무는 투자자의 재무상태표에 포함(은행의 경우 은행의 재무상태표에 포함)되지만, P2P 대출은 금융시스템의 레버리지를 줄임으로써 체계적 위험을 낮출 수 있다.

■ P2P 대출 단점

(1) 사기 위험

P2P 대출이 온라인으로 제공되는 비대면 서비스이기 때문에 발생하는 위험으로, 투자자는 플랫폼에 의해 평가된 이자율과 대출자로부터 제공된 정보만 가지고 투자 여부를 결정해야 하는데, 플랫폼이 대출자로부터 제공되는 모든 정보를 검증할 수 없기 때문에 악의적인 대출자에 의해 투자자가 사기를 당할 수도 있다.

(2) 채무불이행 위험

P2P 대출 플랫폼 회사가 매우 엄격하게 대출자를 평가한다고 하더라도 구조적인 특성상 채무불이행(부실)이 발생할 수밖에 없고, 또한 대출이 무담보, 신용대출 같은 경우 부실이 발생했을 때 담보 등 이를 보전할 수 있는 방법이 없어 투자자금을 회수할 가능성이 낮다.

(3) 플랫폼 위험

P2P 대출 플랫폼이 일시적으로 문을 닫거나 부도나 폐업의 경우에 발생하는 위험으로, 대출의 상환이 플랫폼을 통해 이루어지기 때문에 투자자의 자금회수가 수행되지 못하거나 또한 대출자의 상환의지가 감소할 수 있다.

※ 국외 P2P 대출 플랫폼은 대출자와 투자자의 구분된 계좌를 통해 자금이 이동되도록 시스템화하거나 제3기관과 업무협약을 통해 부도 시 사업을 인수하여 대출상환 관리가 이루어지도록 조치하여 플랫폼 부도의 충격을 줄일 수 있지만, 아직까지 모든 플랫폼이 의무적으로 도입하고 있지는 않다.

(4) 공급 부족 위험

최근 투자자들이 P2P 대출에 관심을 보이면서 수요가 증가하는 반면, 대출자 수는 제한되어 있어 개인투자자의 투자 기회가 줄어들면서 P2P 대출 플랫폼은 수요 창출을 위해 더 높은 위험의 대출을 취급할 가능성이 있다.

⑸ 유동성 위험

투자금의 중도회수가 제한되기 때문에 몇몇 P2P 대출 플랫폼 회사에서는 투자자의 유동성 확보를 위해 유통시장을 제공하고 있지만, 주식시장처럼 활성화되어 있지 않고 거래가 되더라도 수수료가 발생된다.

⑹ 조기상환 위험

P2P 플랫폼의 이자율이 낮아지면 대출자는 더 낮은 이자율로 대출을 받아 기존 대출을 조기상환하게 되면 투자자의 수익률은 떨어지게 되고 재투자 위험도 감수해야 한다.

⑺ 해킹 위험

P2P 대출은 온라인 기반이기 때문에 사이버 보안 문제와 관련된 위험이 존재하는데, 이는 투자자나 대출자의 개인정보 유출이나 계좌정보 탈취 등 위험에 노출 될 수 있다.

PART 1

P2P 시스템 **이해하기**

1

핀테크 이해하기

핀테크

‘금융Finance + 기술Technology’을 결합한 신기술

금융과 기술을 결합한 각종 신기술을 핀테크라고 이야기하고 있다. 이러한 신기술에는 온라인 개인자산 관리, 크라우드펀딩 등이 있으며, 스마트폰 산업의 발전에 따른 모바일 결제, 모바일 송금 서비스 등 다양한 분야에서 활용되고 있다. 핀테크의 종류는 지급결제, 금융데이터 분석, 금융소프트웨어, 플랫폼 등 크게 4가지로 나눌 수 있다.

1. 핀테크Fin-tech란?

‘금융Finance’과 ‘기술Technology’의 합성어로, ‘금융 테크’라 불린다. 대표적으로 모바일 결제, 송금, 자산관리와 같이 ‘기술과 융합된 금융’이란 새로운 영역을 만들어 우리 생활 곳곳에 많은 변화를 주고 있다. 예를 들어, 스마트폰을 이용해 신용카드 없이 간단히 물건을 구입하고 결제한다거나 다른 사람에게 터치 몇 번으로 돈을 보내고, 편리하게 정보를 확인하면서 보험에 가입하는 것이 바로 핀테크이다.

핀테크(Fin-Tech)의 정의

■ 핀테크의 종류

핀테크는 지급결제, 금융데이터 분석, 금융소프트웨어, 플랫폼 등 크게 4가지 영역으로 나눌 수 있다. 처음에는 기존의 은행에 있던 서비스를 온라인으로 옮기는 것에서부터 시작하여 현재는 오프라인에서는 하지 못하는 분야 또는 오프라인에서는 불편했던 분야가 온라인상으로 옮겨 와서 서비스되는 경우까지 우리 생활에 더욱 밀접한 분야가 광범위하고 다양하게 발전하고 있다.

핀테크 사업영역 분류

사업영역	내용	세부 영역
지급결제	이용이 간편하면서도 수수료가 저렴한 지급결제서비스를 제공함으로써 고객의 편의성을 제공	Infrastructure / Online Payments / Foreign Exchange
금융데이터 분석	개인 또는 기업 고객과 관련된 다양한 데이터를 수집하여 분석함으로써 새로운 부가가치를 창출	Credit Reference / Capital Markets / Insurance
금융소프트웨어	보다 진화된 스마트기술을 활용하여 기존 방식보다 효율적이고 혁신적인 금융업무 및 서비스 관련 S/W 제공	Risk & Asset Management / Insurance / Accounting
플랫폼	전 세계 기업과 고객들이 금융기관의 개입 없이 자유롭게 금융거래를 할 수 있는 다양한 거래기반을 제공	P2P Lending / Trading Platforms / Personal Wealth

자료: UK Trade & Investment

⑴ 지급결제

핀테크 중 지급결제서비스는 우리가 가장 친근하게 느낄 수 있는 영역으로, 신용카드가 모바일 안으로 들어온 것이다. TV나 광고에서 쉽게 접해 본 'OO페이'들이 대부분 지급결제서비스로, 간편하고 저렴한 결제 서비스를 제공하면서 서비스에 대한 수수료로 가치를 창출한다.

⑵ 금융데이터 분석

데이터 분석기술로 개인 또는 기업 고객과 관련된 다양한 데이터를 수집 · 분석하여 새로운 부가가치를 창출한다. 주로 고객의 신용도를 파악하여 적절한 이자율을 계산하는 일에 많이 사용된다.

ex) 미국의 '민트'라는 회사는 고객의 모든 금융 내역을 수집 · 분석하여 정말 필요로 하는 금융상품을 추천하는 자산관리 서비스를 제공한다.

⑶ 금융소프트웨어

스마트 기술을 활용해 기존 방식보다 효율적이고 혁신적인 금융업무 및 서비스 관련 소프트웨어를 제공한다.

⑷ 플랫폼

전 세계 기업과 고객들에게 금융 기관의 개입 없이 자유롭게 금융거래를 할 수 있는 기반을 제공한다. 대표적인 핀테크 기업 중 하나인 렌딩클럽 Lending Club은 P2P 기반의 대출 플랫폼을 운영하고 있으며, 많은 고객에게 돈을 빌리고 다시 빌려주는 형태로 은행의 일과 다르게 투자금을 모집하고 대출을 신청 · 집행하는 것을 온라인 플랫폼에서 처리하여 운영비 등의 비용을 크게 절감할 수 있어 큰 성장을 하고 있다.

■ 핀테크의 관점

서비스의 성격과 유형에 따라 '전통 핀테크'와 '신생 핀테크'로 구분할 수 있다.

(1) 전통 핀테크Traditional Fintech는 조력자Facilitator로서 금융산업에 단순히 기술을 지원하는 대규모 기술기업(IT서비스, 정보기술솔루션, 금융S/W)이다.
(2) 신생 핀테크Emergent Fintech는 기존 금융산업에 대한 단순한 기술지원 역할을 넘어서 기존 기술을 완전히 대체하는 새로운 기술을 개발하여 사업화하는 파괴자Disrutor로서 소규모 혁신기업(크라우드펀딩, 인터넷전문은행, 송금서비스 등)이다.

전통 핀테크와 신생 핀테크 차이

	전통 핀테크	신생 핀테크
Positoning	시장참여자는 대개 금융산업 조력자로서 기존의 대규모 기술판매회사(Fiserv, SunGard, Infosys. First Data)	시장참여자는 금융산업에 새로운 기술 솔루션을 제공하는 소규모 혁신기업(Zopa, Fldor Bank, Ttransferwise)
Intaastrusture	전통 핀테크 기업은 기존 인프라에 대한 지원, 유지, 공급 등에 포커스	신생 핀테크 기업은 기존 인프라를 활용하거나 또는 고위험 · 고수익 전략 차원에서 새로운 인프라로 완전히 대체
Revernue Model	거래당 비용, 자산 또는 라이센스 수수료 등 기존의 수익모델 하에서 운영	광고, 데이터의 화폐화 등 다양한 종류의 수입원을 활용한 광범위하고 새로운 수익 모델

자료: 2014 landscaping UK Fintech, UK Trade & Invers.

2. 혁신적 핀테크 P2P 금융

크라우드펀딩은 소셜미디어, 인터넷 등을 활용해 대중으로부터 자금을
직접 모으는 투자 방식이다.

■ 후원자들의 자발적인 홍보활동

단순히 돈을 모으는 것만이 아니라, 후원자들의 자발적인 홍보활동도 기
대할 수 있다. 2009년 4월에 만들어진 미국의 킥스타터www.kickstarter.com는
가장 유명한 크라우드펀딩 업체이다. 우리나라도 텀블벅www.tumblbug.com
같은 업체가 있으며, 다음 포털에서도 뉴스펀딩을 운영하고 있다.

■ 간편한 절차

크라우드펀딩은 기존의 복잡하고 관료적인 금융 투자 시스템을 거치지
않는다는 데 장점이 있다. IT 기술이 발달하지 않던 시절에 만들어진 금융
시스템은 투자받고 싶은 사람과 투자하고 싶은 사람 사이에 금융사가 끼어
들어 복잡한 과정을 통해 안정성과 수익성을 계산하며 자금을 중계했다.
금융사의 역할을 IT 플랫폼이 자동으로 해 주면서 불편함을 없애고 시간을
단축시켜 주는 것이다.

■ P2P 금융

간편 결제나 크라우드펀딩은 분명 편리하지만, 혁신적인 변화는 아니다.

물리적인 신용카드가 없어지는 것이나 소규모 펀딩에서 금융사를 배제한다고 해서 금융업계가 타격을 받는 것은 아니기 때문이다. 핀테크가 주목받는 이유는 보다 근본적인 변화, 즉 돈의 공급자와 수요자를 직접 잇는 P2P 금융이 가능하다는 점에 있다.

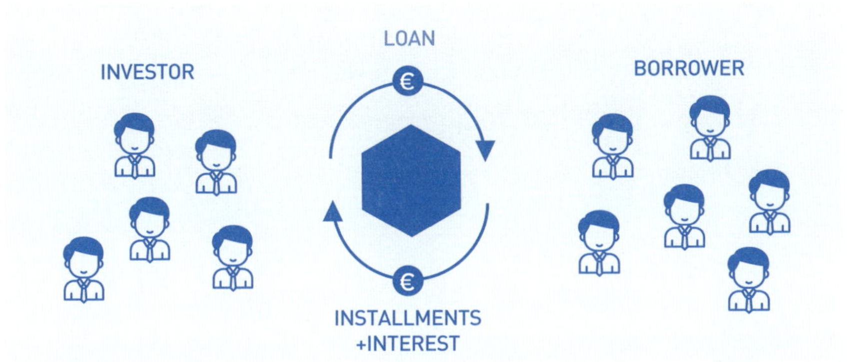

자료 : 펠로우파이낸스

(1) P2P는 흔히 인터넷에서 개인이 서로 파일을 주고받을 때 쓰는 토렌트 서비스가 P2P 파일전송 서비스이다. 'Peer to Peer'라는 말은 중계를 위한 업체를 거치지 않고 공급자와 수요자가 직접 만난다는 의미로, P2P 금융은 인터넷을 통해 투자자와 대출자가 직접 자금을 주고받는 것을 말한다. 기존에 금융회사를 통해서만 가능했던 거래가 인터넷을 통해 가능해지면서 대출자와 투자자 모두에게 합리적인 이율을 제공할 수 있다.

(2) P2P 금융이 가능한 이유는 중간에 있는 금융기관을 배제했기 때문이다. 우리가 이용하는 일반적 금융기관은 본사를 가지고 있으며 수많은 직원이 있고 각 지역에 지사를 운영하는 거대한 기업이다. 따라서 운영을 위한 건물 임대료와 인건비 등을 포함한 이익률을 높이기 위해 비교적 높은 수수료를 물리게 된다. 중앙은행에서 낮은 이율의 자금을 받아 수

요자에게 대출해 주며, 수수료를 포함한 비교적 높은 대출 이율을 제시
해야지만 운영이 되기 때문이다.

⑶ P2P 금융에서는 플랫폼 업체가 건물을 가지거나 직원을 많이 고용할
필요가 없다. 따라서 낮은 수수료만으로도 충분한 이익을 보며 운영할
수 있다. 줄어든 경비만큼 투자자에게는 높은 이율을 보장하고 대출자에
게는 낮은 이율을 제시할 수 있다. 기존에는 온라인 환경이 충분치 못해
서 이런 금융 서비스가 불가능했지만, 이제는 기술적으로 충분히 실현
가능해졌다.

■ P2P 금융의 단점

우리 생활을 더욱 편리하게 해 줄 핀테크지만, 장점만 있는 것은 아니다.

⑴ 통신과 연결되고 자동화된 IT 플랫폼은 외부해킹의 위협에 노출되
어 있다. 특히 많은 돈이 오가는 플랫폼에서는 그만큼 해킹을 통해 부정
한 방법으로 돈을 빼앗으려는 시도가 빈번하게 이뤄진다. 실제로 2014년
10월부터 미국에서 서비스된 애플페이는 훔친 카드번호를 이용해 결제
하는 경우가 늘어나고 있다. 신용카드 정보를 추가할 때 인증 절차가 상
대적으로 취약하기 때문인데, 벌써 수백만 달러 규모로 부정 결제가 이
뤄졌다.

⑵ 법적 규제 문제이다. 핀테크는 금융과 기술을 통합해서 그 사이에 있
는 복잡한 단계를 줄여 이익을 창출한다. 따라서 통합될수록 좋다. 간편
결제에서 신용카드사의 역할까지 플랫폼 업체가 할 수 있다면 단계가 더
줄어들게 된다. 애플페이나 삼성페이를 예로 들면, 애플이나 삼성이 신

용카드사가 된다면 더 낮은 수수료를 책정하고도 같은 서비스를 제공할 수 있다. 하지만 각국의 법적 규제나 기존 금융기관의 반발로 인해 실현되기 쉽지 않다.

⑶ 세계 각국은 이미 핀테크의 가능성을 깨달아 규제를 완화하고 기술적 안정성을 강화하고 있다. 우리나라도 창조경제의 원천으로 핀테크를 선정하고 부처마다 지원책을 마련하는 중이다. IT 강국으로 불리는 우리도 정부와 기업들이 현재 지급결제 시장에서 나아가 자산관리, P2P 대출, 거래플랫폼 등 핀테크 분야를 광범위하게 관심을 넓혀 핀테크 영역의 다양한 분야로 산업 발전과 기업의 성장 기회를 기대해 본다.

3. 핀테크 사업영역

법과 제도적인 관점에서 지불결제, 송금·환전, 예금·대출, 금융투자 등으로 구분할 수 있다.

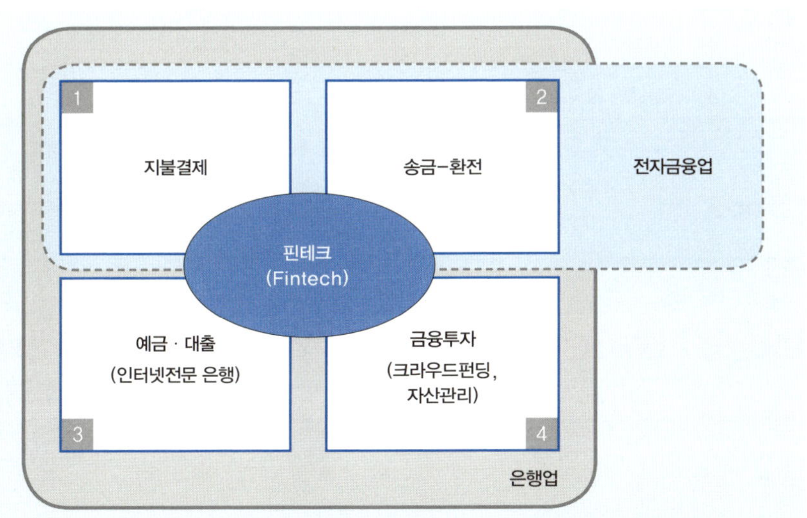

■ 핀테크 관련 사업

금융서비스 유형, IT·금융 융합, ICT 기술 발전에 따라 다양한 산업이 나올 수 있다.

각사의 핀테크 산업 분류 예시

구분		금융위원회	여신금융 연구소	Accenture	신한금융 투자
금융 서비스		결제	결제	지급결제	결제
		인터넷전문은행	자산관리	자산관리	자산관리
		전자지급 수단	송금	송금	송금
		크라우드펀딩	투자	대출중개	대출
ICT 기술		보안 및 빅데이터 (FDS, PCI-DSS, SMS, Risk Management)	보안 및 데이터 분석		인터넷 전문은행

구분	UK Trade & Investment	israelfintech.com
금융 서비스	지급결제	Mobile Payments
		Transaction
	플랫폼	Trading
ICT 기술	금융 S/W	Cyber Security, Risk Management, Management Tools, File Management Cyber Security, Risk Management, Management Tools, File Management

■ 핀테크 산업 분류

송금, 결제, 자산관리, 투자, 보안 및 데이터분석 서비스 등으로 구분할 수 있다.

핀테크 산업 분류

구 분		종 류	특 징
금융 서비스	송금	모바일 및 이메일 송금	• 온라인으로 거래 가능한 가상화폐 • 이메일과 모바일을 통해서 개인과 기업 간 송금
	결재	전자결제서비스	• 상품 및 서비스 결제 편의성 향상 • 가상계좌, 신용카드, 실물계좌로 결제 가능
	자산관리	온라인 펀드, 인터넷은행 보험 증권	• 온라인으로 다양한 펀드를 살 수 있는 슈퍼마켓의 역할 • 인터넷은행, 온라인 전용으로 여수신 기능을 제공 • 인터넷만을 통해 가입하는 보험 • 온라인 전용으로 주식, 채권, 선물 투자 플랫폼 제공
	투자	금융투자플랫폼 (소셜트레이딩, 크 라우드펀딩)	• 대출, 창업자금 지원 등 투자 관련 금융을 서비스하는 온라인 플랫폼 • 스마트폰 등을 이용하여 투자 정보 교류를 통한 가치판단 및 투자활동에 영향 • 개인 간 자금조달을 중개해 주는 서비스 제공
ICT 기술	보안 및 데이터 분석	정보보안	• 새로운 금융서비스를 보다 편리하게 사용하기 위해서는 보다 고도화된 금융보안기술이 필요
		금융 빅데이터분 석 및 금융 S/W	• 빅데이터 분석으로 소비패턴의 인식을 통한 소비활동 증진 • 대규모 데이터를 활용한 보다 정교한 대출금리 산정

자료: 한국인터넷진흥원, 핀테크가 정보보호산업에 미치는 영향에 대한 고찰, 2015.02.

4. 국내 핀테크 업체 및 서비스 분야

우리나라는 모바일과 인터넷의 높은 보급률로 IT강국으로 알려져 있지만, 미국·영국·중국 등에 비해 성장률이 저조하다. 복잡한 보안 규제와 금산분리(금융자본과 제조업 중심의 산업자본이 서로의 업종을 소유하거나 지배하는 것을 금지하는 원칙, 기업이 은행 주식을 보유하거나 그 반대의 경우 일정 한도 이상 보유를 금지) 때문이다.

1. 현재 모바일 기업과 스타트기업들이 뛰어들어 금융결제원 등과 합작으로 이루어지기도 한다.

한국 핀테크 산업 활성화 방안

구분	주요 개선 내용
1. 핀테크 산업의 창업 성장 촉진	
1) 핀테크 기업 진입 규제 완화	소규모 핀테크 기업에 대한 선불업, PG(전자지급결제대행업), 결제대금예치업의 최소 자본금을 인하(예: 1억 원)하여 활발한 시장 진입을 유도
2) 금융회사의 핀테크 기업 출자	− 핀테크 기업에 대한 금융회사의 출자가 가능하다는 것을 법으로 명확히 함
3) 핀테크 기업의 자금조달 지원	− 정책금융기관 등을 통해 기존 및 신규 핀테크 기업에 대한 자금조달 지원을 활성화
4) 핀테크 기술 활용 제약 요인 해소	− 금융사고에 대해 금융회사와 핀테크 회사가 공동책임을 지도록 하여 금융회사가 새로운 핀테크 기술을 적극 수용
2. 국민 체감형 핀테크 서비스 본격화	
1) 온라인 등을 통한 실명 확인 허용	− 비대면 확인 방식을 허용하되, 복수의 방식을 적용하여 금융사기 등 부작용 방지
2) 크라우드펀딩 제도 도입	− 크라우드펀딩 법안이 국회 통과 시 정책펀드, 민간 벤처캐피탈의 적극적인 참여를 유도하여 혁신적인 투자 성공사례를 조기 출현하도록 유도
3) 인터넷 전문은행 도입	− 점포 없이 영업하는 인터넷전문은행을 도입하여 이용자 편의 제고 및 금융 산업의 경쟁을 촉진
4) 온라인 보험 판매채널 활성화	− 다양한 보험상품의 비교, 검색 및 가입이 가능한 온라인 판매채널(보험슈퍼마켓)의 출현 활성화를 지원

3. 지속적 발전을 위한 핀테크 인프라 구축

1) 핀테크 생태계 활성화	– 핀테크 지원센터 활성화, 핀테크 지원 협의체 운영 내실화
2) 민간 중심의 자율보안 체계 구축	– 규제체계를 사후점검, 책임 강화 방식으로 전환하여 금융회사의 자율 보안체계 확립을 유도, 금융보안원을 통한 취약점 분석평가 지원, 금융권 FDS 추진 협의체 운영
3) 빅테이를 활용한 IT-금융 융합 지원	– 통합 신용정보 집중기관을 통해 금융권 빅데이터 제공 및 금융권 빅데이터 개인정보 보호 가이드라인 마련

자료: 금융위원회

2. P2P 금융 플랫폼 : 8퍼센트, 렌딧, 탱커펀드, 엘리펀드, 팝펀딩, 빌리, 펀다, 테라펀딩, 어니스트펀드, 피플펀드, 유니어스, 모두펀딩 등이 있다.

3. P2B 금융 플랫폼 : 한국어음중개

전자어음 투자를 위한 P2B[2] 금융 플랫폼이다. 중소기업들의 전자어음에 투자하는 플랫폼으로, 단순한 수익 추구 외에도 중소기업에 대한 실질적인 투자 기여를 할 수 있다는 점에서 주목받고 있다. 최초의 P2B 금융 플랫폼인 한국어음중개는 전자어음에 투자하는 웹서비스로, 단순한 수익 추구 외에도 중소기업에 대한 실질적인 투자 기여를 할 수 있다는 점에서 일반적인 P2P 대출서비스와 차별성을 지닌다.

2) P2B 대출(개인과 기업 간 대출) 소규모 사업자와 같은 기업 대출자는 담보 능력이 부족하거나 제1금융권요건 충족에 미달하여 대출에 어려움을 겪는다. P2B 대출은 기업어음(CP)을 온라인으로 거래하고 자금을 조달할 수 있어 CP를 직접 거래할 경우 제반 경비나 중개수수료 비용을 1~1.5% 줄일 수 있다. 신용위험이 높은 기업 차입자에게는 높은 대출 수익을 원하는 대출자와 연결해 주면 된다.

4. 한국의 P2P 금융협회 : 한국P2P금융협회

한국P2P협회는 핀테크 사업과 P2P 대출업의 기반 조성 등을 비롯한 P2P 금융업체의 건전한 발전과 협회 회원사들의 공동의 발전은 물론, 궁극적으로 국민경제의 발전과 사회 공헌에 기여하고자 설립되었다.

5. 크라우드펀딩 : 와디즈, 오마이컴퍼니, 굿펀딩 등

자금을 필요로 하는 개인이나 기업, 단체를 위해 불특정 다수Crowd가 온라인을 통해 자금을 모으는 활동Funding을 일컫는다. 누구나 아이디어를 내어 크라우드펀딩을 진행해 볼 수 있고, 아이디어에 공감하는 후원자들을 통해 아이디어를 발전시킬 자금도 모을 수 있다.

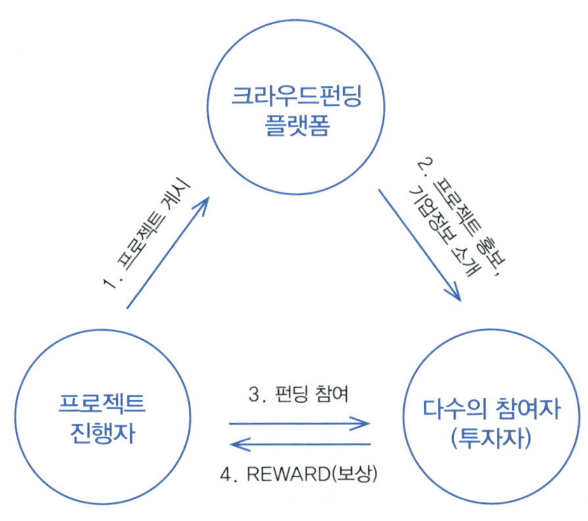

자료: 오마이컴퍼니

6. 결제 : 뱅크월렛카카오, 페이게이트, 페이코 등

최신의 핀테크 서비스로 가장 빠르고 효과적인 방법을 최소의 비용으로

은행 서비스보다 낮은 수수료로 핀테크 금융API 세이퍼트[3] 서비스를 제공
해 P2P 사업자들의 사업을 쉽고 안전하게 관리할 수 있게 서비스하고 있으
며, 2017년 6월 현재 국내 P2P사업자의 80%가 세이퍼트 플랫폼을 기반으
로 서비스 런칭하고 있다.

7. 송금 : Toss

핀테크 서비스로 결제를 하면 모바일과 메시지를 주고받는 동안 결제와
관련된 메세지가 뜨면 송금 결제 수단, 원하는 액수, 결제 확인 등을 입력
하고 전송을 누르면 결제 송금이 끝난다.

5. 해외 핀테크 시장

해외에서는 이미 수년 전부터 시장 규모가 점점 확대되고 있지만, 우리
나라는 규제로 인해 간편 결제 서비스를 제외하고는 국제 핀테크 시장에서
크게 성장을 이루지 못하고 있다.

■ 일본의 핀테크 시장

일본은 지나치게 현금을 중시하는 결제문화가 자리 잡고 있고, 은행수수
료는 높으며, 신용카드 발급에 2주가 넘게 걸려 불편한 금융서비스에 대한
불만 등과 편리성 때문에 핀테크 열풍이 불고 있다.

3) 세이퍼트(Seyfert)는 거대한 블랙홀이 중심에 위치한 세이퍼트 은하(Seyfert Galaxy)의 이름에서 따온 페이
게이트 핀테크 플랫폼의 명칭으로, 다양한 온라인 금융거래를 처리할 수 있는 클라우드 기반의 핀테크 플랫폼의
다양한 잠금기능, 출금기능, 멤버관리, 이체기능, 외환기능 등을 제공하고 있다.

모바일에 익숙한 젊은 층을 중심으로 편리한 핀테크가 급속도로 퍼지고 있는데, 일본 정부 역시 핀테크를 적극 장려하고 있다. 일본 정부는 오랫동안 이어진 금융 규제를 풀어 가면서 '핀테크 붐' 조성에 앞장서고 있다.

그 중에서 '자산운용'과 관련된 핀테크가 인기가 많다. 부동산 버블을 경험한 일본은 아무리 마이너스 금리시대라도 부동산 등 공격적인 투자보다는 안전한 자산운용에 대한 관심이 더 높기 때문이다. 일본 야노경제연구소의 조사 자료에 따르면, 일본의 핀테크 시장은 2015년도에는 34억 엔, 2018년까지 222억 엔으로 확대될 것으로 전망하고 있다.

일본의 핀테크 기반 어플리케이션

앱명	내용
자이무	450만명의 이용자 가계부 작성 이외 다양한 기능 포함 영수증을 스캔하여 자동 금액기록 입출금 내역을 그래프 등으로 표현 자산관리까지 도와줌
머니 포워드	은행 계좌나 신용카드 정보를 연결, 이용 이력이나 잔금을 자동 취득하여 가계부 작성을 도와줌
닥터월렛	영수증 인식의 정확도를 높이는데 특화된 앱 자동인식이 아니라 전문 인력이 수동으로 입력하여 정확한 내용을 취득할 수 있다고 함
프리(freee)	회사를 대상으로 하는 법인용 회계서비스 전문 지식이 없어도 회계 및 경리 작업을 대신 할 수 있음

자료: 현대저축은행

■ 중국의 핀테크 시장

　중국의 핀테크 산업은 7~8억 명에 달하는 대규모 모바일 사용자와 에스크로 결제서비스, 즉 제3자 결제 서비스를 중심으로 빠른 성장을 보이고 있으며, 절대적인 정부의 지원을 통해 핀테크가 성공할 수 있었다.

　중국의 핀테크에서 빠질 수 없는 주인공인 알리페이를 살펴보면, 하루 평균 106억 위안, 우리나라 돈으로 하루 1조 2,000억 원가량이 결제되고 있으며 중국 회원만 3억 명, 240여 개국의 5,400만 명이 사용하고 있다. 알리페이는 온라인과 모바일을 기반으로, 전자상거래뿐만 아니라 공공요금, 교통요금 등 광범위한 결제가 가능하다.

중국에서 많이 사용되는 제3자 결제 핀테크 사례

기업명	내용
Alipay 알리페이	광범위한 결제 가능 범위(공공, 교통요금)
텐페이	온라인 채팅 QQ와 모바일 채팅 어플 위챗(wechat)과 연동, 넓은 고객층 보유
UnionPay 일렌	카드업을 영위하는 모기업의 고객기반 영업
99Bill.com 콰이치엔	독립결제 서비스 기업 보험, 소매금융, 직거래 부문에 특화

자료: 현대저축은행

■ 미국 · 영국 등 핀테크 선진국 보안 체계

미국 · 영국 등 핀테크가 활성화된 국가의 핀테크 보안기술은 고객의 편의를 위해 금융거래를 할 때 절차상의 보안은 완화하는 대신, 사후에 부정 · 사기 거래를 찾아내고 문제를 걸러내는 사후 보안 강화 방식을 쓰고 있다. 이 같은 효율적인 보안 수준은 정부가 획일적으로 규제하지 않고 선별적 · 선택적 규제로 민간에서 자율로 정립했기 때문에 가능하다. 또한 사고 당사자에 대한 무거운 처벌과 보안사고의 책임 분산, 핀테크 기업들의 풍부한 보안 인력과 기술이 핀테크 산업 혁신을 이룰 수 있었던 원동력이 되었다고 본다. 주요국의 핀테크 보안 체계를 살펴보면 다음과 같다.

미국, 영국 등 핀테크 선진국 보안 체계의 특징

구 분	특 징
'사전 규제'보다 '사후 보안' 강화	소비자의 편의를 위해 금융거래를 할 때는 보안 절차를 완화하는 대신 사후에 부정 사기 거래를 찾아내고 문제를 걸러내는 방식
선별적 선택적 규제	획일적으로 똑같은 보안 수준을 강요하지 않고 거래 규모나 고객의 신용도에 따라 보안 강도를 차별적으로 집행, 소비자에게 보안 수위에 대한 선택권도 부여
사고 당사자에 대한 무거운 처벌	중대한 보안 사고를 저지른 기업에 대해서는 천문학적인 과징금을 매기는 등 가중 처벌
민간 자율 규제 체계	민간이 자율적으로 보안 체계를 갖춤(PCI-DSS 등)
보안사고의 책임 분산	전자결제 업체나 IT기업, 금융소비자에게도 책임을 묻는 방식
핀테크 기업들의 풍부한 인력과 기술	검증된 첨단 FDS, 빅데이터 분석기술, 인증기술 등 확보, 풍부한 보안 관련 인력

6. 인터넷 전문은행

인터넷 전문은행이란 오프라인 점포 없이 온라인, 모바일만으로 서비스를 제공하는 은행을 말하며, 점포 운영비와 인건비 등이 절약되는 만큼 수수료가 싸고 예금, 대출금리 면에서도 이용자에게 유리한 은행이다. 기존 은행사와 통신사, 스타트업, 음원사업자(로엔), 결제솔루션 사업자(다날, KG모빌리언스, KG이니시스) 등 다양한 분야의 기업들이 함께 컨소시엄을 구성하기도 한다. 인터넷 전문은행에 참가하는 컨소시엄은 총 3곳이다.

1. 카카오뱅크 컨소시엄(10-15개 기업) : 카카오, KB국민은행, 한국투자금융지주, 로엔엔터테인먼트, 우정사업본부, 텐센트, 이베이, 넷마블 등

2. 인터파크뱅크 그랜드컨소시엄(13개 기업) : 인터파크, SK텔레콤, NHN엔터테인먼트, 옐로금융그룹, NH투자증권, GS홈쇼핑, IBK기업은행, 웰컴저축은행 등

3. K뱅크 컨소시엄(20개 기업) : KT, 우리은행, 현대증권, 한화생명, GS리테일, KG이니시스, KG모빌리언스, 다날, 포스코ICT, 이지웰페어, 얍(YAP), 8퍼센트, 인포바인, 한국관광공사, 효성 노틸러스, 뱅크웨어글로벌 등.

2015년 11월 29일 이들 중 카카오뱅크 컨소시엄과 K뱅크 컨소시엄이 인터넷 전문은행 사업자로 최종 선정되었으며, 국내 1호 인터넷전문은행 케이뱅크가 2017년 4월 3일부터 영업을 시작하고 영업시간 4일 만에 신규 고객 수 10만 명을 돌파하였다.

4. 케이뱅크 장점

(1) 24시간 365일 이용 가능

케이뱅크의 최대 장점은 인터넷을 기반으로 하여 실제 지점이 없으며, 자정만 되면 모든 은행의 앱이나 인터넷 뱅킹에서 하는 점검시간을 기다릴 필요도 없이 24시간 언제나 이용이 가능하다는 점이다.

(2) 인증절차가 없다

보통 은행들과는 달리 인증 절차가 아주 간편하고, 수시 입출금 통장을 개설하기 위해서는 신분증과 휴대폰만 있으면 된다. 케이뱅크 앱에 접속하여 휴대폰 인증을 한 후, 신분증을 스캔하고 가입자 소유의 타행통장 계좌번호를 입력하고 본인 확인이 완료되면 케이뱅크가 정한 기한까지 해당 타행통장에서 케이뱅크 계좌로 입금하면 인증이 끝난다. 이처럼 기존 은행에서 신규 통장을 개설하기 위한 필요 서류 없이 간단하고 편리하게 이용할 수 있다.

(3) 낮은 대출 금리

실제 지점이 없기 때문에 임대료, 인건비가 발생하지 않아 낮은 대출 금리를 확보할 수 있다. 청년, 소상공인 서민계층 대상으로 연 4.2% 수준의 금리로 대출을 제공하며, 대출 절차 역시 매우 간단해서, 스마트폰 지문인증만으로 대출을 받을 수 있고 또한 현금 출금 역시 가까운 GS25 편의점 ATM기기를 이용해 진행할 수 있다.

(4) 간편 송금기능

토스, 페이코의 간편 송금 기능과도 비슷한 '퀵송금'이라는 서비스를 이용해서 상대방의 계좌번호, 휴대폰 번호로 공인인증서 없이 간편하게 송금할 수 있다.

(5) 예금자 보호

케이뱅크는 인터넷 은행이라고 해도 1금융권이기에 파산의 위험 부담이 적고, 예금자 보호 역시 일반 은행과 같이 투자상품을 제외한 예금과 적금상품의 보호금액 5,000만 원까지 가능하다.

7. 핀테크 관련 용어

■ 통화(화폐)

일상적인 거래에 일반적으로 통용되는 지불수단으로 한국의 '원', 미국의 '달러' 등 각 나라에서 통용되는 것을 '통화'라고 하고, 각 '통화' 내에서 실제 금액을 표시하는 단위 돈을 '화폐'라 하며, 교환의 매개, 가치의 저장수단, 가치척도, 이연지급의 수단으로 분류할 수 있다.

(1) 교환의 매개 : 재화의 교환을 매개하는 특수 재화로서 경제활동에 있어서 일반적 수단이다.

(2) 가치의 저장수단 : 미래의 소비를 위하여 현재의 소득과 재산을 화폐로 바꾸어 저장하는 방법이다.

(3) 가치척도 : 모든 재화의 가치를 측정하는 척도이다.

(4) 이연지급 : 장래에 지급해야 하는 채무를 화폐로 표시하는 단위이다.

■ 금리

자금수요자가 자금공급자에게 돈을 빌리면서 대가로 지급하는 이자의 원금 대비 비율을 의미(원금에 대한 투자이익)이다.

(1) 단리 : 원금에 대한 이자 계산이다.

(2) 복리 : 원금에 대한 이자뿐만 아니라 이자에 대한 이자도 함께 계산한다.

(3) 고정금리 : 만기까지 일정한 이자 지급 금리이다.

(4) 변동금리 : 일정 기간마다 대출 기준 금리의 변경에 따라 지급해야 할 이자액 이다.

(5) 명목금리 : 금융시장에서 말하는 인플레이션을 고려하지 않은 일반적인 금리이다.

(6) 실질금리 : 인플레이션을 고려한 금리이다.

(7) 표면금리 : 금융 거래 시 계약증서 상에 기재된 명목상의 약속 금리이다.

(8) 실효금리 : 각종 부대조건(이자지급 방법, 상환방법, 수수료, 세금 등)을 감안한 후 차입자가 실질적으로 부담하는 순 자금조달 비용이다.

■ **금융시장**

자금의 공급자와 수요자 간에 자금 거래가 조직적으로 이루어지는 장소이다.

(1) 직접금융시장 : 자금의 최종수요자가 자기 명의로 발행한 주식, 회사채 등 본원 증권을 자금공급자가 직접 매입하는 형태로 금융거래가 이루어진다.

(2) 간접금융시장 : 금융기관이 매입증서나 수익증권과 같은 간접증권을 발행하여 조달한 자금으로 본원증원을 매입함으로써 최종수요자에게 자

금이 공급된다.

(3) 자금시장 : 콜, 기업어음, 양도성예금증서 등 통상 만기 1년 이내의 금융자산이 거래되는 시장이다.

(4) 거래소시장 : 표준화된 거래 규칙 및 물리적인 거래 장소가 존재하는 시장이다.

(5) 장외시장 : 거래 상대방과 직접 거래 주문을 주고받거나 딜러, 중개인 등 중개기관을 통해 제한된 상대방과 거래가 이루어지는 시장이다.

(6) 발행시장 : 증권사 등 인수기관이 증권의 발행사무를 대행하는 간접 발행 방식이다.

(7) 유동시장 : 이미 발행되어 투자자가 보유 중인 회사채나 주식이 거래 되는 시장이다.

■ 자금시장 구성

(1) 콜시장 : 금융기관 상호 간에 일시적인 자금과 부족을 조절하기 위하여 초단기 자금(대부분 익일물)을 차입하거나 대여하는 시장이다.

(2) 기업어음시장 : 신용 상태가 양호한 기업 또는 금융기관이 상거래와 관계없이 단기 자금을 조달하기 위해 자기 신용으로 발행하는 무담보 융통어음(기업어음)이 할인 · 매매되는 시장이다.

(3) 양도성예금시장 : 정기예금에 양도성을 부여한 예금증서인 CD가 발행 · 유통되는 시장이다.

(4) 환매조건부매매시장 : 일정 기간이 경과한 후에 정해진 가격을 환매 매하기로 하는 조건으로 증권을 매매하는 금융거래방식으로 동 거래가 이루어지는 시장이다.

■ 자금시장 운영 구성

(1) 채권시장 : 국가, 공공기관, 금융기관, 기업 등이 자금조달이나 정책수행을 목적으로 발행하는 만기가 비교적 장기(1~30년 내외)인 채무증서인 채권이 발행 및 매매되는 시장이다.

(2) 주식시장 : 주식회사의 출자지분권을 표시하는 증권인 주식이 거래되는 시장이다.

(3) 외환시장 : 외환의 수요자와 공급자 간에 외환거래가 정기적 또는 지속적으로 이루어지는 시장이다.

(4) 파생금융상품시장 : 환율, 금리, 주가 등의 움직임에 따라 변동되는 통화, 채권, 주식 기초자산의 가치 변동에 따른 위험을 회피하기 위해 고안된 금융상품이 거래되는 시장이다.

■ 금융기관

자금의 수요자와 공급자 사이에서 자금의 중개기능을 수행하는 경제주체이다.

(1) 거래비용 절감 : 수많은 자금공급자 및 수요자 간에 규칙적·반복적으로 거래함으로써 규모의 경제 및 범의의 경제를 이루도록 낮은 비용으로 금융거래를 중개하는 비용이다.

(2) 만기 및 금액변환 : 다양한 만기와 금액의 자금을 모아 자금수요자에게 필요한 자금을 일정 기간 동안 공급한다.

(3) 채무불이행위험 축소 : 자금의 대차거래를 모아서 처리함으로써 채무불이행 위험을 축소시킨다.

⑷ 자금결제수단 제공 : 다양한 지급결제수단(수표, 어음, 신용카드, 자금이체
등)을 제고하여 경제활동 참여자에게 지급결제 업무를 처리한다.

8. 금융기관 분류

■ 금융기관을 분류하는 기준

여러 가지 기준에 따라서 달라지겠지만, 일반적으로 사용되는 기준은 국
제통화기금IMF의 통화성 기준으로 금융기관의 통화창출 기능의 유무에 따
른 구별방법이다. 이 기준에 따르면 금융기관은 크게 통화금융기관과 비통
화금융기관, 그리고 기타기관으로 구분된다.

⑴ 통화금융기관

현금통화를 창출하는 중앙은행과 예금통화를 창출하는 예금은행으로 나
누어지며, 예금은행은 다시 일반은행과 특수은행으로 나누어진다. 일반
은행은 은행법에 의하여 설립된 것으로 시중은행, 지방은행, 외국은행
국내지점 등이 이에 속한다. 특수은행은 일반은행이 기업성이나 전문성
때문에 접근하기 어려운 부분에 자금을 공급하는 등 특수한 목적 달성을
위하여 설립된 금융기관이다.

⑵ 비통화금융기관

업무의 특성에 따라 개발기관, 투자기관, 저축기관, 보험기관으로 나누
어진다. 개발기관에는 산업은행, 수출입은행 등이 있으며 종합금융회
사, 자산운용회사, 증권금융회사 등은 투자기관으로 분류된다. 그리고
저축기관으로는 은행신탁계정, 저축은행, 체신예금 등이 있다.

⑶ 기타기관

그 외에 통화금융기관이나 비통화금융기관에 포함되어 있지는 않지만 금융중개 기능을 수행하거나 금융기관과 관련성이 많은 업무를 수행하는 증권회사와 증권관련기관, 신용보증기관, 벤처금융회사, 손해보험회사, 리스회사 등이 기타기관으로 분류된다.

업무 영역별 금융기관의 분류

은행	일반은행	시중은행
		지방은행
		외국은행 국내지점
	특수은행	농협, 수협, 중소기업은행, 한국산업은행, 한국수출입은행
비은행 예금취급 기관	상호저축은행	저축은행
	신용협동기구	새마을금고, 신용협동조합, 상호금융(신협, 농협, 수협, 산림조합)
	기타	우체국예금
보험회사	생명보험	일반 생명보험
	손해보험	손해보험회사, 재보험회사, 보증보험회사
	기타보험	우체국보험, 공제기관, 한국수출보험공사
금융투자	투자매매, 자문, 자산운용	증권사, 선물사, 자산운용사, 투자자문사, 부동산신탁, 종합금융회사
기타금융 기관	여신전문금융회사	신용카드회사, 리스회사, 할부금융회사, 기업구조조정전문회사
	벤처캐피탈회사	중소기업창업투자회사, 기업구조조정전문회사
금융보조기관		증권금융회사, 금융지주회사, 금융결제원, 신용보증기관, 한국자산관리공사, 한국주택금융공사, 한국정책금융공사, 한국거래소, 자금중개회사

자료: 금융감독원, 금융통계정보시스템

■ 은행의 업무

(1) 은행

고유업무(예·적금 수입, 채권 발행 및 대출, 내외국환 업무), 부수업무(지급조증, 어음인수 수납 및 지급대행 등), 겸영업무(금융투자업, 신용카드업, 보험대리점업, 퇴직연금업, 신탁업 등) 등을 영위하는 금융기관이다.

(2) 자금중개기능

예금의 수입, 은행채의 발행, 차입을 통해 자금을 조달하여 자금이 필요한 경제주체에 대출금, 증권투자 등의 형태로 공급하는 기능이다.

(3) 신용창조기능

자금중개 과정에서 본원적 예금을 기초로 파생적 예금을 창출한다.

(4) 지급결제기능

거래 당사자 간 채권·채무 관계를 화폐적 가치의 이전을 통해 최종적으로 청산한다.

■ 중앙은행 업무

한 나라의 화폐 발행과 통화신용정책의 수립 및 집행, 금융시스템의 안정, 은행의 은행, 정부의 은행, 지급결제제도의 운영·관리, 외화자산의 보유·운용, 은행 경영분석 및 검사, 경제조사 및 통계작성 등의 기능을 수행하는 은행. 우리나라의 중앙은행은 한국은행으로 1909년 11월 설립되었다. 일반 업무로는 일반금융기관에 대한 예금 및 대출 업무와 공개시장 조작, 통화안정계정의 운용, 발권업무로는 한국 유일의 법화 발행기관으로서 은행권과 주화 발행 업무가 있다. 국고업무는 국고금의 수급, 대정부 신용에 대한 업무이며, 외국환업무는 외국환 관리와 금융거래 업무를 말한다.

<table>
<tr><td>화폐 발행</td><td>▶</td><td>외국환 관리</td></tr>
<tr><td>통화정책 수립 및 집행</td><td>▶</td><td>금융기관 예금의 수입</td></tr>
<tr><td>지급결제제도의 총괄, 감시</td><td>▶</td><td>국고금 관리</td></tr>
<tr><td>금융기관 경영실태
분석 및 검사</td><td>▶</td><td>조사연구 및 통계편제,
국제금융기구와의 거래 및 교류</td></tr>
</table>

■ 지급결제제도

경제주체들은 모든 경제활동에 따라 발생하는 채권, 채무관례를 현금, 어음, 수표, 계좌이체, 신용카드 등과 같은 수단의 지급을 통해 해소하는 행위이다.

구 분	종 류
지급	− 지급인이 자신의 지급채무를 해소하기 위하여 수취인 앞으로 자금이체를 의뢰하는 지급지시를 송부하고 수취인이 수취하는 과정으로 지급결제의 시작 단계이다. − 지급은 경제주체가 채권, 채무를 해소하기 위해 현금 어음 수표 등의 지급수단을 직접 주거나 신용카드 또는 금융기관에 개설된 예금계좌를 이용하여 자금을 이체하는 것이다.
청산	− 청산기구가 거래 당사자 간에 개입하여 결제를 위해 교환된 어음, 수표, 계좌이체 등의 지급수단을 확인한 후 최종적으로 수취하거나 지급해야 할 차액을 산출하는 것이다. − 거래 이후 지급수단의 수령, 조회, 통지 및 차액계산이나 결제전의 포지션 산출 과정 모두가 청산에 해당된다.
결제	− 청산과정을 통해 계산된 금액을 지급하여 완결시키는 과정 − 중앙은행의 당좌예금계좌 간의 자금이체 등을 통하여 지급은행에서 수취은행으로 자금이 이동되는 것을 의미한다.

■ **지급결제제도의 분류**

구 분	종 류
중앙은행결제시스템과 민간결제시스템	– 중앙은행결제시스템 : 중앙은행이 운영하는 지급결제시스템으로서 대부분 국가에서는 거액결제시스템을 중앙은행에서 관리 – 민간결제시스템 : 금융결제원의 소액결제시스템, 한국예탁결제원, 한국거래소의 증권결제시스템
총액결제시스템과 차액결제시스템	– 차액결제 : 참가하는 금융기관 간 상호 지급액과 수취액을 상계한 다음 차액만을 결제하는 시스템 – 총액결제 : 지급지시 건별로 그 지급지시의 총액을 실시간으로 결제하는 시스템
거액결제시스템과 소액결제시스템	– 거액결제 : 금융기관간 자금거래, 국채의 매매에 따른 대급지급, 외환거래 등에 사용 – 소액결제 : 기업이나 개인의 소액결제처리에 사용, 신용카드 수표 계좌이체 지로 등에 해당함

②

크라우드펀딩

크라우드펀딩은 핀테크에 속해 있는 자금 조달 방식의 한 방법이다. 크라우드펀딩은 군중을 뜻하는 '크라우드crowd'와 재원 마련을 의미하는 '펀딩funding'이 합쳐진 단어로, 자금을 필요로 하는 수요자에게 불특정 다수의 자금공급을 소셜 네트워크Social Network 기반으로 온라인을 통해 자금을 모으는 활동이며 지분투자, 대출, 후원, 기부 방식으로 분류된다.

자신의 아이디어를 사람들에게 보여 주거나 설명하면서 투자자들은 사업 목적, 목표 투자 금액, 투자 보상 내용 등을 토대로 아이디어를 평가받고 투자자들의 투자자금을 조달받기 방법에서 발전되었다. 크라우드펀딩은 이미 미국과 이탈리아, 영국 등에서 일자리 창출과 성장 동력의 확충 등을 위해 제도화되었다.

1. 크라우드펀딩Crowd funding이란?

크라우드펀딩은 자금을 필요로 하는 자금의 수요자를 위해 금융기관 없이 소셜 네트워크Social network를 기반으로 불특정 다수가Crowd 소셜 네크워크 서비스를 이용해 소규모 후원이나 투자 등의 목적으로 인터넷과 같은 플랫폼을 통해 다수의 개인으로부터 자금을 모으는 행위이다. '소셜펀딩'이라고도 한다.

1. 주로 자선활동, 이벤트 개최, 상품 개발 등을 목적을 자금을 모집하며 투자 방식 및 목적에 따라 지분투자, 대출, 후원, 기부 등으로 분류할 수 있다.

크라우드 펀딩(Crowd Funding) 개념도

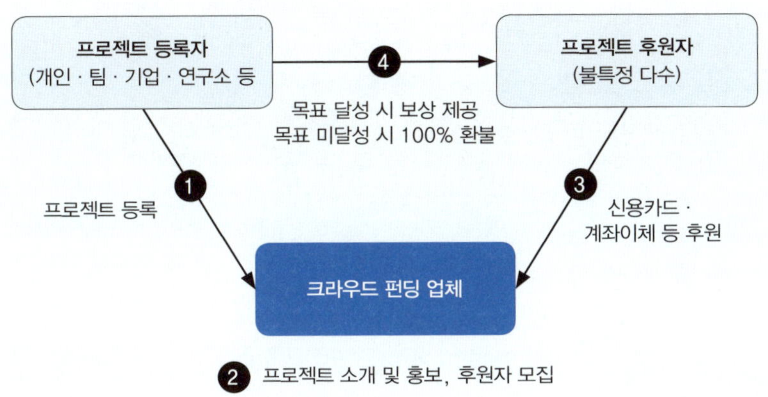

자료: ko.wikipedia.org

2. 크라우드펀딩의 분류와 목적은 아래와 같다.

(1) 크라우드펀딩의 분류

구 분	리워드 형	국내업체
지분투자	신생 기업 및 소자본 창업자를 대상으로 엔절투자 형식으로 자금을 지원하는 유형으로, 투자금액에 비례한 지분 취득, 수익 창출이 목적	펀듀
대출	인터넷 소액대출을 통해 자금이 필요한 개인 및 개인사업자에 자금을 지원하는 유형으로 대출에 대한 이자 수치가 목적, P2P 금융이 이에 해당함	펀듀, 머니옥션, 팝펀딩
후원	다수의 후원자들이 모금자가 추집하는 프로젝트에 자금을 지원하고 금전적 보상 이외의 형태로 일정 부문 보상받는 유형 (공연 · 음악 · 영화 · 교육 등의 분야에서 활용)	펀듀, 업스타드, 텀블벅
기부	후원 형식의 소셜 펀딩과 유사하지만 후원자들에 대한 보상을 조건으로 하지 않고 순수 기부의 목적으로 지원하는 유형	해피빈

⑵ 크라우드펀딩 목적 결과물에 따른 형태 구분

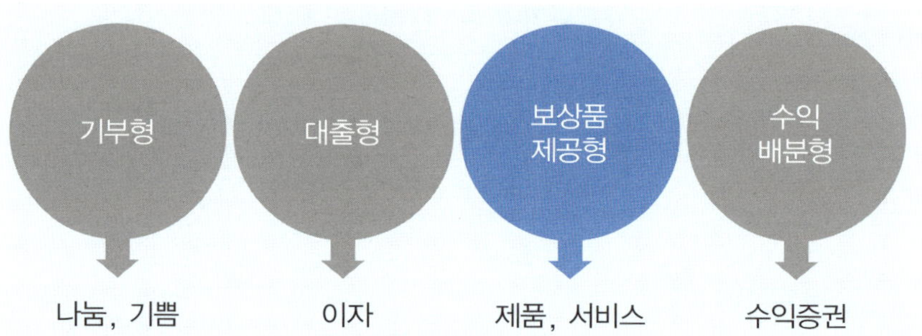

3. 크라우드펀딩은 '많은 사람 + 온라인 + 소액'의 결합 구조이다.

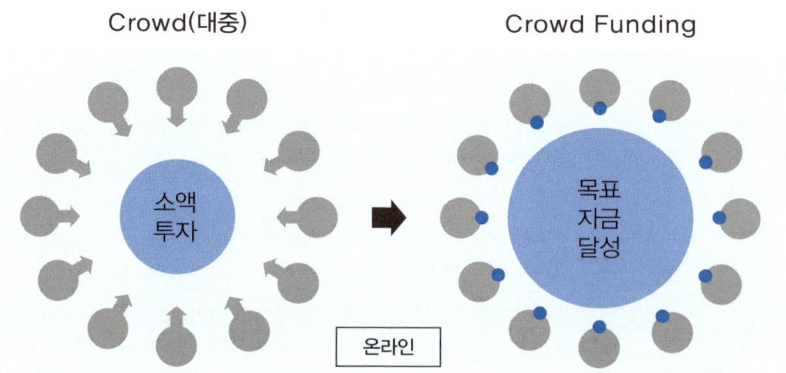

2. 크라우드펀딩의 역사

1700년대 소액 자금 대출 프로그램에서부터 시작되어 인터넷 환경의 구축, 체계화되고 정교해진 시스템 및 혁신적 콘텐츠 개발을 통해 지속적으로 발전하였다.

■ 세계 최초의 크라우드펀딩

2005년 영국에서 시작된 대출형 크라우드펀딩 업체인 ZOPA.COM이다. 증권형 크라우드펀딩은 2007년 영국의 크라우드큐브crowdcube.com가 최초다. 이후 2008년 미국에서 최초의 기부형(후원형) 크라우드펀딩 플랫폼인 인디고고Indiegogo가 출현하면서, 크라우드펀딩이란 용어가 일반화되었다.

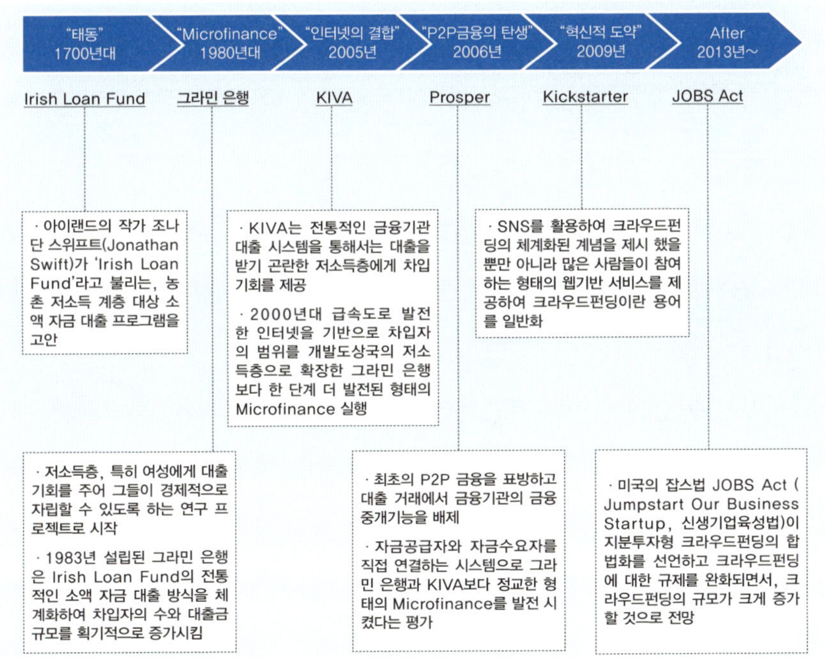

자료: 크라우드산업연구소

국내 크라우드펀딩 산업은 2011년 부터 본격적으로 성장하기 시작했으며 후원·기부·대출형을 시작으로 정착되기 시작했고, 2016년 1월에는 증권형 크라우드펀딩이 도입됐다. 증권형 크라우드펀딩은 개인 투자자가 크라우드펀딩 플랫폼 업체를 통해 중소·벤처기업에 연간 최대 500만 원(업체당 200만 원)을 투자할 수 있는 제도다.

<table>
<tr><td>자금조달 원활화
· 발행기업 : 증권발행 부담 완화
· 중개업자 : 중개업자 진입규제 완화</td><td>투자자 보호
· 발행한도 및 투자한도 설정
· 전매제한, 최소금약 미달시 발행취소 등</td></tr>
</table>

증권형 크라우드펀딩 제도 도입
(자본시장과 금융투자업에 관한 법률 개정)

자료: 한국예탁결재원

■ 전 세계 크라우드펀딩 산업 규모

(1) 2012년 전 세계 크라우드펀딩 산업 규모는 2011년 대비 81% 성장한 27억 달러(약 3조 원)로, 2013년은 51억 달러(약 5조 8천억 원) 규모로 성장하였다.

크라우드 펀딩은 북미와 유럽에만 국한되어 있다. 아시아와 오세아니아 지역에서 두 대륙이 합쳐 전체 인구의 96%를 차지했으며 나머지 4%는 아시아와 오세아니아 지역이다.

글로벌 크라우드펀딩시장 규모

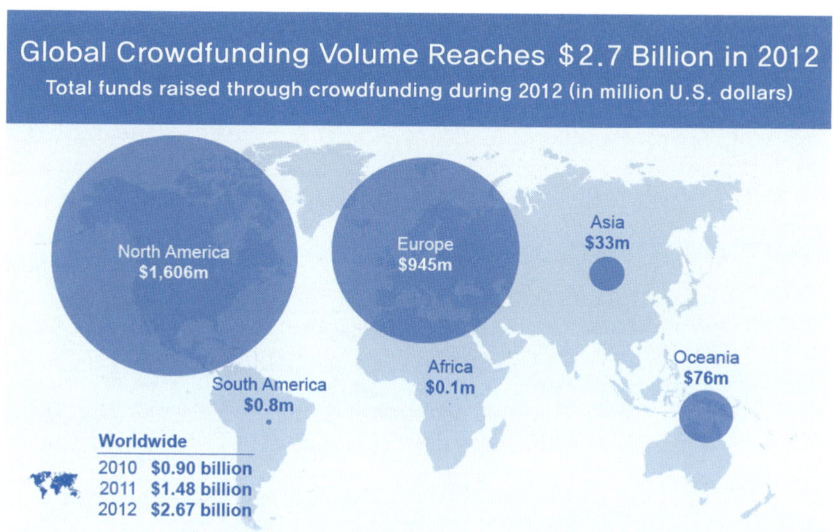

자료: Massolution, 2013CF – The Crowdfunding Industry Report, 2013.

(2) 세계 크라우드펀딩 시장 규모는 344억 달러(약 40조 7,500억 원), 2014년 (162억 달러)보다 두 배, 2009년(5억 3,000만 달러)보다는 65배 성장하였다.

세계 크라우드펀딩 시장규모 추이 (단위: 달러)

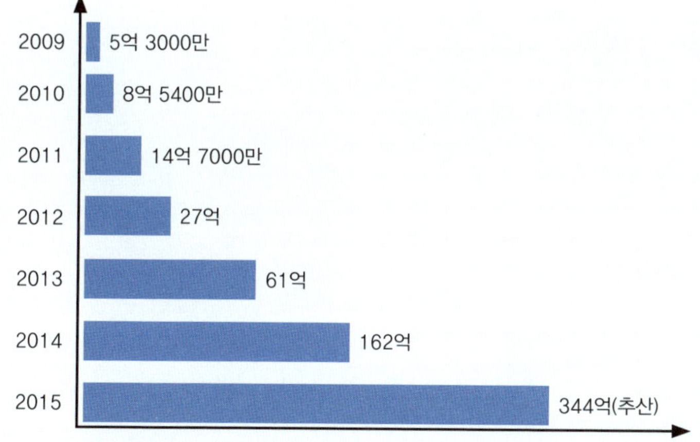

(1) 과거에는 아무리 좋은 아이디어가 있어도 개인이 상품이나 서비스를 만들어 판매하는 것은 쉬운 일이 아니었다. 자신의 아이디어를 사람들에게 보여 주거나 설명하면서 투자자들은 사업 목적, 목표 투자 금액, 투자 보상 내용 등을 토대로 아이디어를 평가받고 투자자들의 투자자금을 조달받기 위해서 발전되었다.

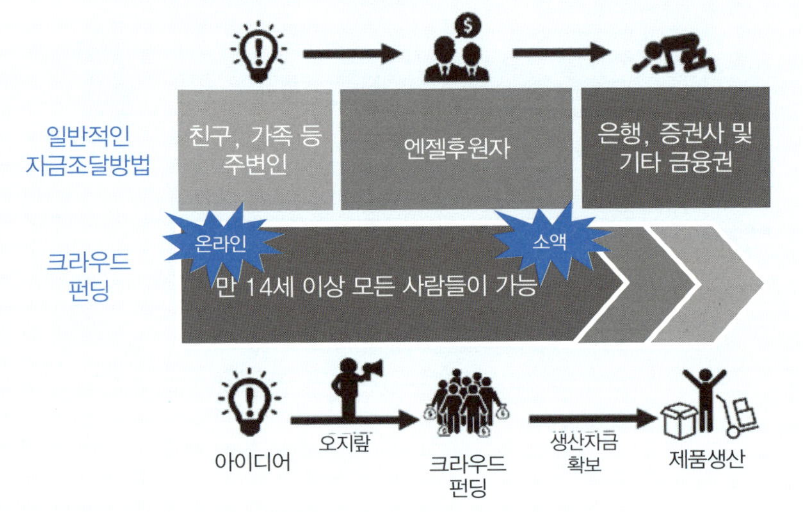

자료: https://www.slideshare.net/taekyungkim353/a-to-z-66498152

(2) 자금모집 방식은 리워드형과 투자형으로 분리할 수 있다.

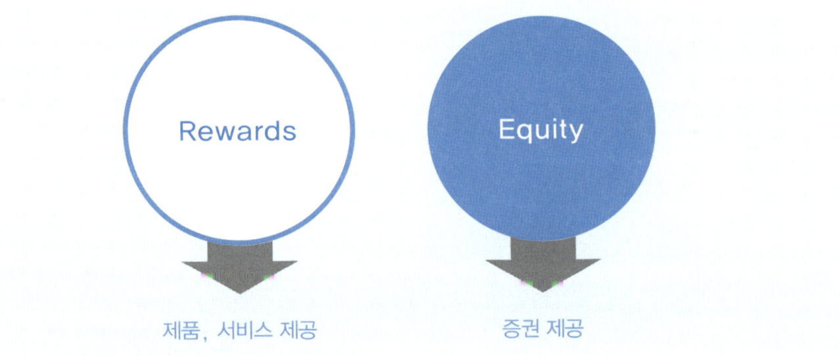

크라우드 자금모집 방식

	리워드형	투자형
자금모집방식	– 재화 판매	– 출자(증권발행)
보상방식	– 유상(재화 제공)	– 유상(이익 배당)
대상자	– 재화를 홍보, 브랜딩하고 싶은 개인, 단체, 기업 – 재화를 판매, 유통하고 싶은 개인, 단체, 기업 – B2C[4] 기업에게 적합	– 온라인으로 유통하기에 부적절한 재화를 가진 기업도 가능 – 초기 투자 자금을 확보하고 싶은 스타트업 등 창업 7년 이하 중소기업 – B2C, B2B[5] 기업 모두 적합

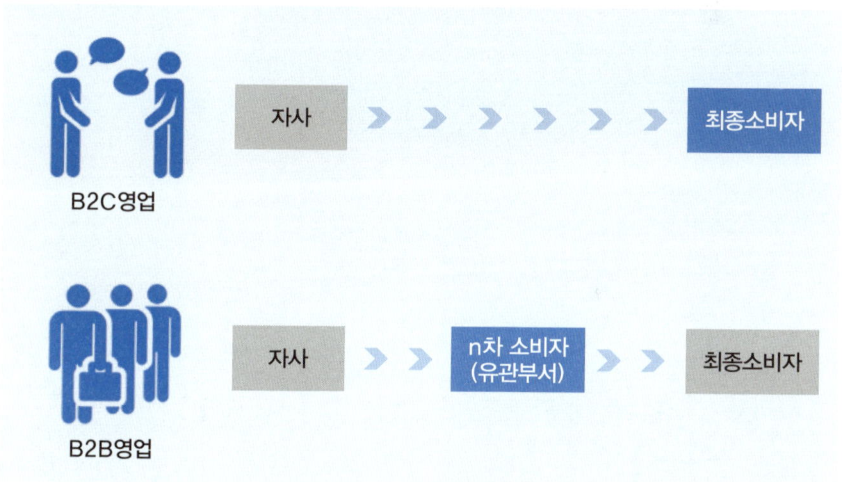

자료: https://www.slideshare.net/taekyungkim353/a-to-z-66498152

---

4) B2C는 Consumer 소비자(고객)를 대상으로 하는 영업이다.

5) B2B는 to Business 기업고객을 대상으로 하는 영업이다.

(3) 초기기업이 투자금을 모을 수 있는 새로운 방법이다.

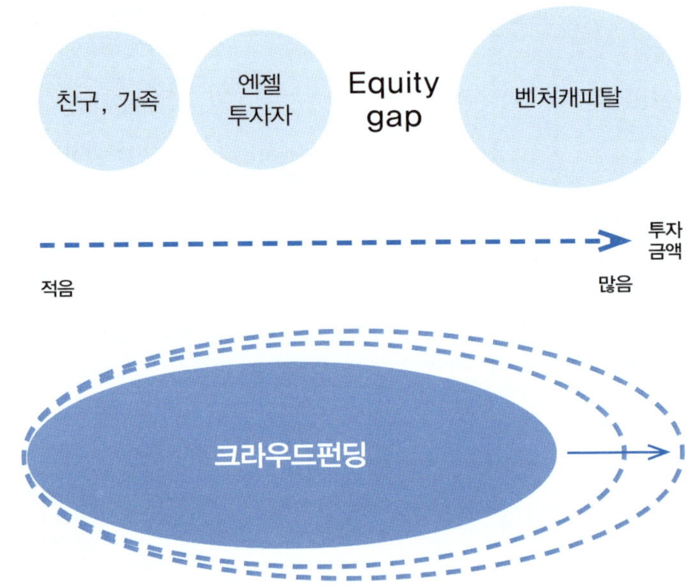

자료: masslution

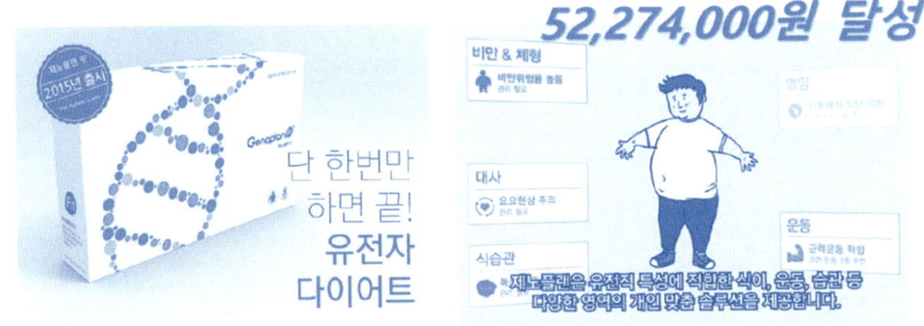

헬스케어 스타트업 제노 플랜은 크라우드펀딩을 통해 초기 제품 생산 자금을 조달하고 충성도 높은 고객을 확보해 시장 진출에 성공했다.

■ 사회적 문제를 해결하는 순기능

(1) 신생기업이나 벤처기업, 개발프로젝트 등 창업 초기 기업 또는 예비 창업자, 아이디어나 사업계획을 가진 프로젝트 제안자 등이 크라우드펀딩 플랫폼을 통해 다수의 후원자 및 투자자로부터 자금을 조달받고, 조달받은 자금을 통해 개인 및 기업의 성장을 도모할 수 있어 자금 공급의 비활성화 시장을 건전하게 키워 내는 사회적 순기능에 기여하고 있다.

(2) 후원 및 자금 공급자에게는 기업 성장을 통한 이익을 공유할 수 있으며 사회의 다양성 기여에 동참할 수 있다.

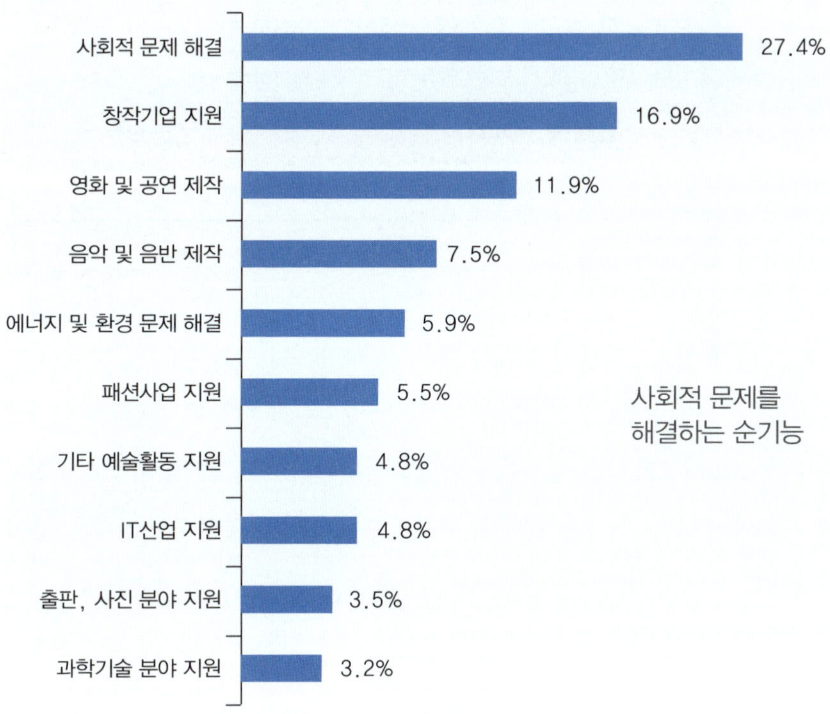

자료: Massolution (Crowdfunding Industry 2013)

3. 크라우드펀딩의 발전

연 도	발 전
1997년	1997년 영국의 록그룹인 매릴리언(Marillion)이 미국 투어에 사용할 자금(6만 달러)을 마련하기 위해 팬들이 인터넷을 통해 자금을 모금한 것이 인터넷을 이용한 최초의 크라우드펀딩 사례의 시작이다.
2007년	2007년 서브 프라임 사태 및 2008년 리먼브라더스의 파산으로 인한 금융위기 이후 은행들의 급격한 대출 축소에 따라 신생 벤처기업 등에 대한 금융소외 현상이 심화되며 관심을 가지게 되었다.
2009년	미국의 대표적인 크라우드펀딩 플랫폼인 Kickstater의 등장과 함께 SNS를 활용한 크라우드펀딩의 개념이 체계화되기 시작하였다.
2011년	크라으드펀딩의 전 세계적인 확대와 함께 경제적 보상을 추구하는 "지분투자형크라우드펀딩"에 관심이 고조되어 전 세계 500개 이상의 플랫폼업체가 생겨났다.
2012년	2012년 4월 미국에서 신생기업의 자금조달을 용이하게 하는 오바마의 Startup America 'JOBS(Jump start Our Business Startups)법'을 통해 수익배분형(지분투자령)이 통과되면서 크라우드펀딩 산업을 촉진하고 있는 상황, 2012년 1년간 캠페인을 통해 1백만 건 이상, 총 27억 달러(약3조 원)의 자금 중개가 성사되었다.

▶ 국내의 경우 2011년부터 본격적으로 성장하기 시작했으며, 금액을 기준으로는 대출 형식이, 프로젝트의 양으로는 후원 형식이 가장 큰 비중을 차지하고 있다. 2013년 금융위원회 크라우드펀딩 제도화 시작으로 소셜펀딩 산업에 진출한 신설기업 중 대부분 후원 및 기부 형식의 업체들이 많으며 공연, 전시 및 음반 등 예술 분야와 출판, 영화 제작 등 주로 문화 콘텐츠 분야의 지원이 대부분이다.

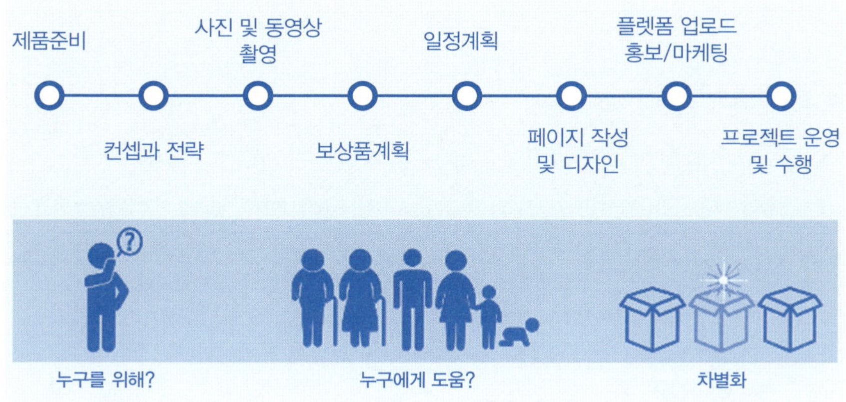

자료: https://www.slideshare.net/taekyungkim353/a-to-z-66498152

■ 크라우드펀딩(소셜펀딩)의 공식화

크라우드펀딩(소셜펀딩)의 공식화를 위해 미국을 중심으로 크라우드펀딩 법과 경제활성화 법안들이 국제 법제사업위원회를 통과했으며, 국내에서는 창조경제의 핵심 키워드로 관심이 부각되었다.

(1) 2012년 4월 5일, 미국 오바마 대통령은 중소기업과 신생 벤처기업 지원을 위한 JOBS Act Jump start Our Business Startups에 서명했으나, JOBS법이 SEC(증권거래위원회)를 거쳐 2013년 초에 발휘할 것으로 예상했으나, 법안 실효가 늦게 적용되었다.

(2) 국내에서는 2012년 5월 정부의 '기업투자 활성화 방안'에서 처음으로 크라우드펀딩 제도 도입이 공식화되었으며, 2013년 2월 '박근혜 정부 국정과제'에 크라우드펀딩 도입이 포함되었고 동년 5월 '벤처창업 자금 생태계 선순환 방안'에서 도입이 명시되었다.

4. 크라우드펀딩 현황

■ 세계 크라우드펀딩 현황

(1) 미국과 유럽시장이 크라우드펀딩 프로젝트의 대부분을 차지한다.

(2) 후원reward-based 및 기부donation-based 방식이 전체 플랫폼의 70% 이상
을 점유하고 있다.

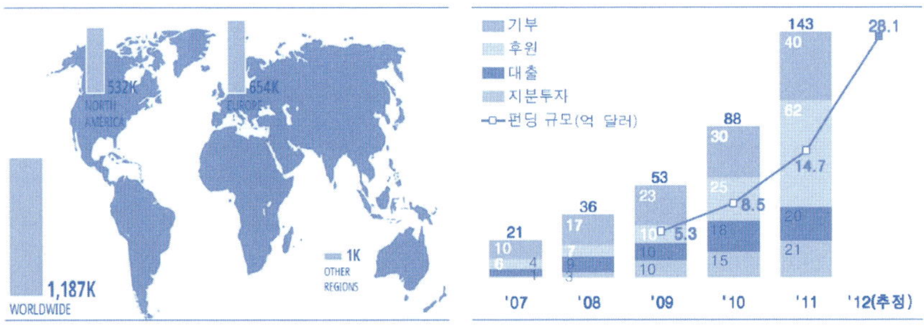

자료 : Crowdsourcing.org, 기준 : 2011년
* K = 1,000

자료 : Massolution
기준 : 유형별 추이는 143개 표본 분석 결과

자료: KB금융지주 경영연구소, 크라우드펀딩 현황 및 파급 효과

(3) 펀딩 유형별로는 2010년 이후에 대출형과 보상형을 중심으로 성장하
였다.

(4) 2012년에는 전년 대비 기부형이 45%, 투자형이 30% 성장한 데 비해
대출형은 111%, 보상형은 523% 성장하였다.

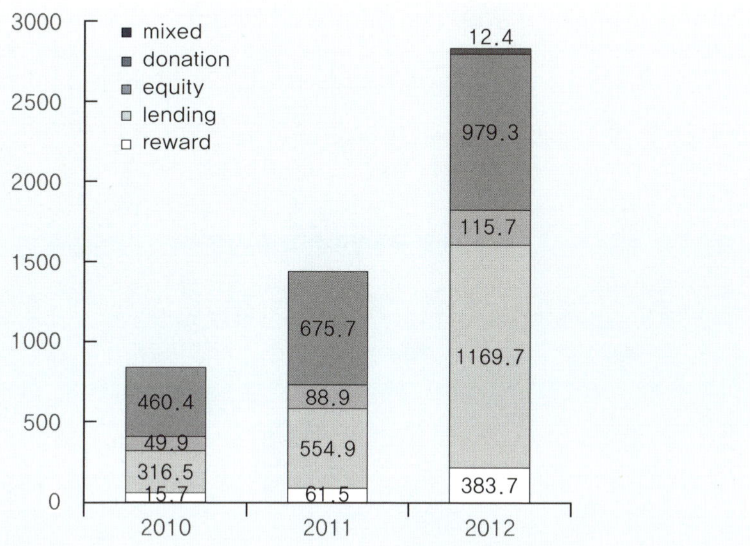

연도별 펀딩 규모 (단위: 백만 달러)

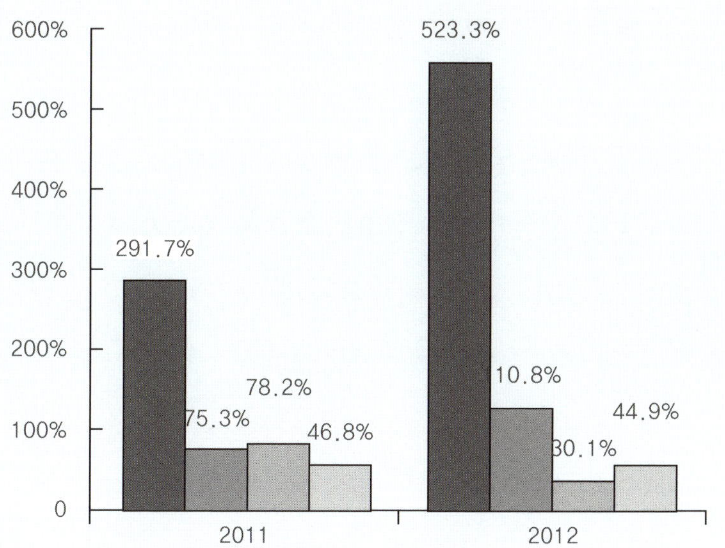

연도별 전년대비 펀딩 규모 성장률

자료: Massolution, 2013CF – The Crowdfunding Industry Report, 2013.

(5) 크라우드펀딩 시장규모는 2012년의 경우 ① 대출형, ② 기부형,③ 후원형, ④ 지분형 순이며, 2013년에는 ① 대출형, ② 기부형, ③ 후원형(시장이 크게 형성), ④ 지분형의 순으로 규모를 형성하였다. 국내 크라우드펀딩 시장과는 다른 양상 구도이다.

글로벌 및 국내 크라우드펀딩 시장규모

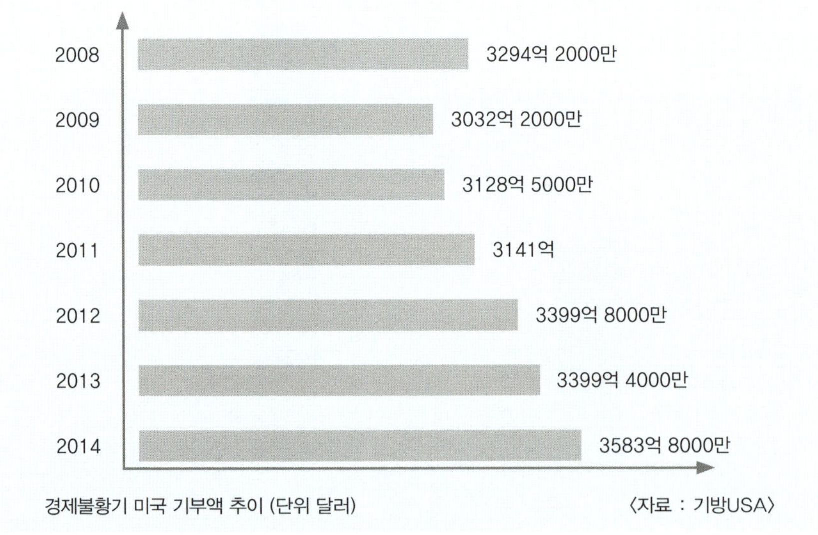

자료: 자본시장 연구원

자료: Massolution

⑹ 전체 크라우드펀딩에서 기부·후원형이 차지하는 비율은 미약하다. 2014년 기부형 크라우드펀딩액이 30억 6,000만 달러(약 5.3%)였다. 같은 해 미국 전체 기부금(약 3580억 달러)과 큰 차이가 난다.

⑺ 대륙별 크라우드펀딩액 현황은 2015년 기준 오세아니아남미아프리카가 가장 크고 두 번째는 북미, 세 번째는 아시아, 네 번째는 유럽이다.

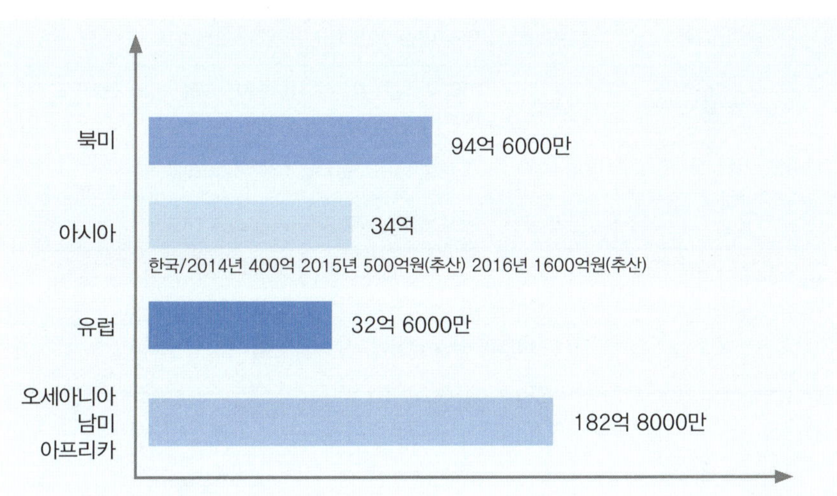

대륙별 크라우드펀딩액 현황(단위 달러, 2015년 기준)

■ **국내 크라우드펀딩 현황**

오퍼튠, 머니옥션, 팝펀딩 등 대출 형식을 주된 사업 영역으로 하는 국내 업체들은 2007년을 전후해서 설립되어 약1,787억 원을 조달해, 2011년 이후 설립된 후원 및 기부 형식의 업체에 비해 월등한 규모이다. 텀블벅, 펀듀, 콘크리트 등 후원 및 기부 형식의 업체들은 짧은 사업 기간에도 불구하고 수백 개가 넘는 프로젝트들을 활발히 진행 중이다.

국내 주요 크라우드펀딩 업체

유형	업체	특징
후원	텀블벅	문화 예술 중심의 170여건의 프로젝트가 완료 또는 진행 중
	펀듀	문화 예술 뿐만 아니라 IT/벤처 등 다양한 컨텐츠에 대해 펀딩
	굿펀딩	영화 '26년' 제작 후원금 모금으로 유명
	업스타트	주로 소규모 창작 프로젝트 후원
후원/기부	콘크리트	주로 예술 및 복지 분야 후원 또는 기부
후원/지분투자/대출	오퍼튠	기업을 위한 후원, 지분투자, 대출 등의 크라우드펀딩 지원
대출	머니옥션	개인 및 개인사업자를 위한 소액 대출
	팝펀딩	개인 및 개인사업자를 위한 소액 대출

자료: 각사

국내 크라우드펀딩 유형별 · 분야별 현황

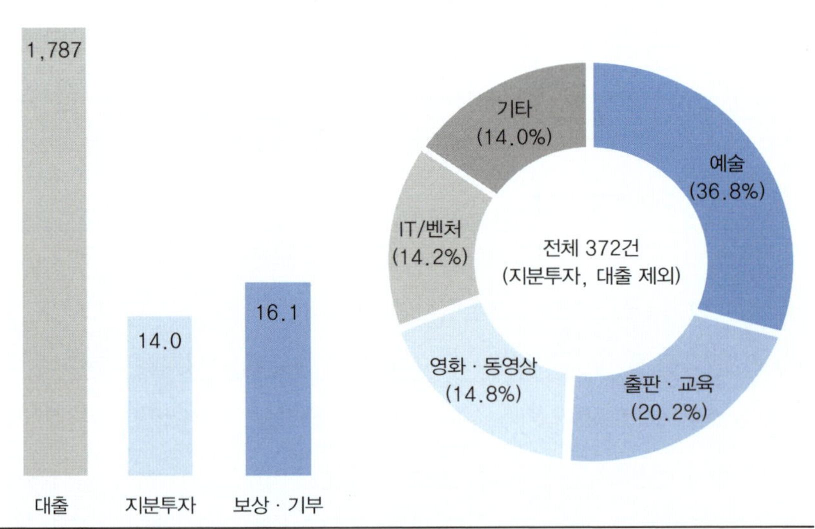

자료: 각사, 기준 : 상위 8개사 합계, 단위 : 억 원

■ 국내 크라우드펀딩 제도의 도입 배경

창업기업가 등이 유망한 사업계획이나 아이디어를 가지고 있더라도 이를 사업화할 자금을 조달하는 것은 쉽지 않다.

(1) 정부에서 창조경제 활성화 및 청년 일자리 창출을 위하여 창업 초기기업에 대한 엔젤투자[6] 활성화, 정책자금 지원 등 다각적인 대책을 강구하고 있으나, 사업 성공 여부의 불확실성이 높고 담보자산이 부족한 초기기업의 자금조달 수단은 제한적인 것이 현실이다.

모험자본 시장의 성장 단계별 금융 수단

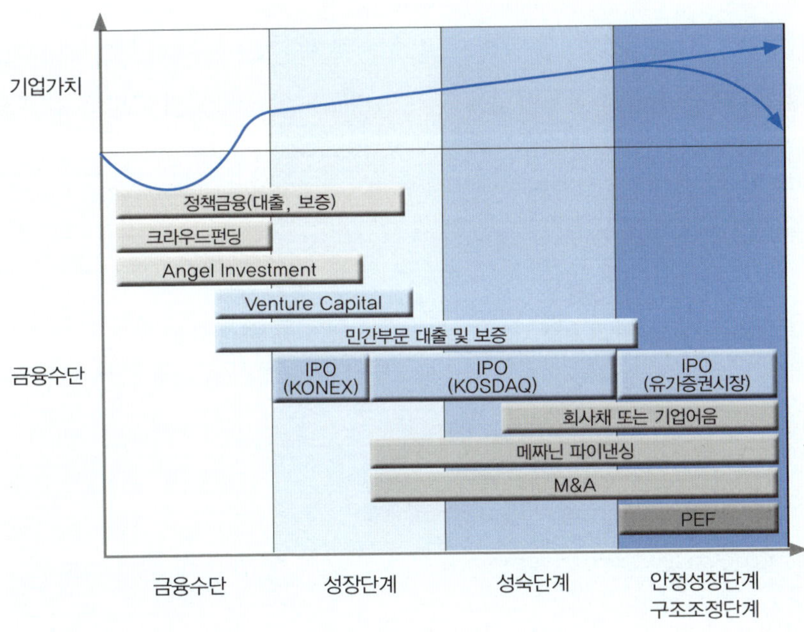

자료: 자본시장연구원, 국내자본시장 생태계 현황과 발전 방향, 2015.9.24.

6) 개인투자자들이 돈을 모아 기술력과 아이디어는 있으나 자금이 부족한 새롭게 시작하는 벤처기업이나 이제 막 시작한 벤처기업에게 자금을 투자하는 것을 엔젤(천사투자)라고 한다.

⑵ 크라우드펀딩은 주로 수익실현 이전 단계의 초기기업이 고려할 수 있는 자금조달 방안으로, 투자자 측면에서는 엔젤투자angel 또는 창업 초기 단계의 기업에 투자하는 벤처캐피탈VC의 투자 영역과 유사하다.

⑶ 기부·후원형 등 다양한 유형의 크라우드펀딩 시장이 성장함에 따라, 기존의 중소·벤처기업 지원정책과 더불어 자금조달 활성화를 위한 대안적인 채널로서 크라우드펀딩 시장 육성의 필요성이 높아졌다.

⑷ 창업 기업가를 빙자한 무분별한 자금모집행위, 무자격 중개업자의 난립 등으로 인한 투자자 피해를 방지하기 위하여 제도적 뒷받침을 통한 건전한 시장을 조성할 필요성이 대두되었다.

⑸ 크라우드펀딩이 활성화되기 위해 2015년 7월 「자본시장과 금융투자업에 관한 법률」 개정을 통하여 '온라인 소액 투자중개'라는 이름으로 증권형 크라우드펀딩이 법제화됨에 따라 크라우드펀딩의 신뢰 기반을 갖추게 되었다.

자금조달 원활화	투자자 보호
· 발행기업 : 증권발행 부담 완화 · 중개업자 : 중개업자 진입규제 완화	· 발행한도 및 투자한도 설정 · 전매제한, 최소금액 미달시 발행취소 등

■ 금융권 크라우드펀딩 현황

(1) 크라우드펀딩을 통한 대출 신청인을 보면, 미국·영국 등 해외의 경우 최고 신용등급에서 최저 신용등급까지 고객군이 다양하며, 높은 이자율 대비 부실률default rate이 상대적으로 낮은 수준이다.

(2) 국내의 경우 제도권 금융기관을 이용할 여건이 되지 않는 저신용 개인들이 대부분으로, 저축은행이나 대부업의 고객군과 유사하다.

※ 크라우드펀딩 대출금리는 약 26.2% 수준으로 저축은행의 신용대출금리(15.7%)보다는 높지만 대부업 대출금리[7](37.3%)보다는 낮은 수준이다.

주요 대출형 크라우드펀딩 업체 현황

업체명	국적	설립	펀딩 규모	이자율	부실율
Lending Club	미국	'07	$2.24억	14.7%	4.4%
Prosper	미국	'06	$3.81억	20.4%	3.2%
Zopa	영국	'05	£2.25억	7.0%	'0.2%
Fonding Circle	영국	'10	£0.46억	9.1%	1.0%
RateSetter	영국	'10	£0.31억	'7.9%	0.3%
머니옥션	한국	'07	₩1.742억	26.2%	'7.0%
팝펀딩	한국	'07	₩40.6억	'26.0%	6.9%

자료: 각사 및 언론 자료
* 언론 자료

7) 대부업법 상 최고 이자율 2011.06.27~2014.04.01 연39%, 2014.04.02~2016.03.02 연34.9%, 2016.03.03~현재 연27.9%

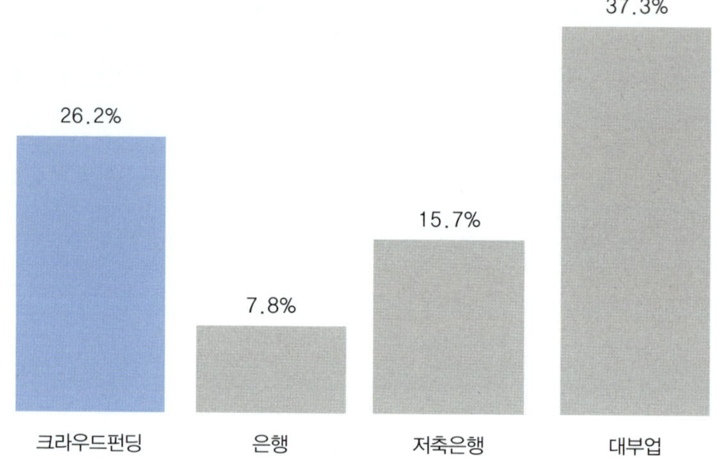

크라우드펀딩과 금융기관 금리 비교

자료: KB금융지주경영연구소 크라우드펀딩 현황 및 파급 효과(2112년 8월)

5. 크라우드펀딩 종류

크라우드펀딩 종류는 지분투자형, 대출형, 후원형, 기부형으로 분류된다.

크라우드펀딩의 종류		
구 분	설 명	국 내 사 례
자금모집방식	– 재화판매	– 출자(증권발행)
보상방식	– 유상(재화 제공)	– 유상(이익 배당)
대상자	– 재화를 홍보 브랜딩하고 싶은 개인 · 단체 · 기업 – 재화를 판매 · 유통하고 싶은 개인 · 단체 · 기업 – B2C[8] 기업에게 적합	–온라인으로 유통하기에 부적절한 재화를 가진 기업도 가능 –초기 투자 자금을 확보하고 싶은 스타트업 등 창업 7년 이하 중소기업 –B2C, B2B[9] 기업 모두 적합

자료: http://itpostit.tistory.com/40

후원 및 기부 방식으로는 indiegogo, Kickstarter 등이 있으며 지분투자 방식으로는 GrowaVC, Crowdcube 등이 대표적이며 대출 방식의 선두업체로는 Lending Club, Prosper, Zopa, RateSetter 등이 있다.

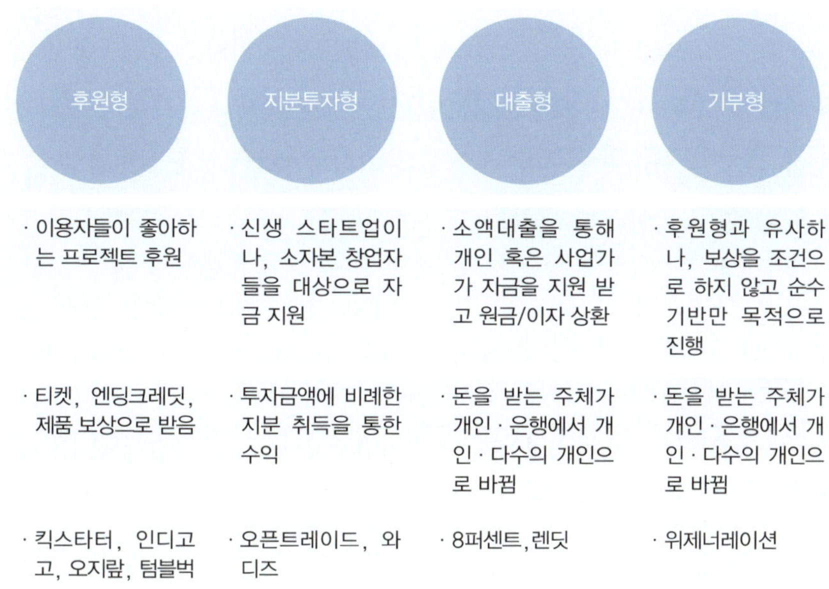

자료: http://www.wikitree.co.kr/main/news_view.php?id=227648

■ 후원형

후원형 크라우드펀딩 프로젝트에는 여러 가지가 있다. 음악, 예술, 만화, 공예, 댄스, 디자인, 영화 및 비디오, 공연 등 수만 가지 프로젝트가 있고 온라인 이용자들의 후원을 통해 목표 금액을 달성해야 프로젝트가 성공한다. 목표 금액을 달성하고 프로젝트가 성공하게 되면 프로젝트 발안자는 후원자들에게 프로젝트의 티켓이나 감사편지 혹은 영화 프로젝트라면

8) B2C는 Consumer 소비자(고객)를 대상으로 하는 영업이다.
9) B2B는 to Business 기업고객을 대상으로 하는 영업이다.

엔딩 크레딧에 이름을 표기하거나, 테크놀로지 계열의 프로젝트라면 금전적 후원을 통해 성공한 프로젝트의 결과물(제품)을 주는 등 금전적 보상 이외의 보상을 제공한다. 그래서 보통 음악이나 미술, 공연 같은 예술 분야나 교육 및 환경 분야, IT 테크놀로지 분야에서 많이 참여하는 편이다.

후원식 크라우드펀딩은 프로젝트 발안자들에게는 신제품을 개발할 수 있는 기회를, 후원자들에게는 좀 더 참신한 제품들을 다른 누구보다 빨리 받아 볼 수 있는 얼리어답터가 될 수 있는 기회를 준다. 세계 최초의 후원형 크라우드펀딩은 '인디고고'이다.

■ 지분투자형

지분 투자형 크라우드펀딩은 신생 벤처기업이나 소자본 창업자들을 대상으로 엔젤투자와 같이 자금을 지원하는 유형이다. 투자금액에 비례한 지분 취득, 수익 창출과 더불어 벤처기업의 지원을 목적으로 이루어지고 있다. 그중에서도 '오픈트레이드'라는 사이트는 우리나라의 지분 투자형 크라우드펀딩 사이트의 대표격이라고 할 수 있다. 리스크를 감수하고 투자를 하는 이유는 벤처투자를 통해 고수익을 올릴 수 있으며 초기투자로 투자 단가가 낮기 때문이기도 하고, 만약 코스닥이나 코스피에 상장이 된다면 높은 수익을 얻을 수 있기 때문이다.

기존 오프라인 투자 프로세스

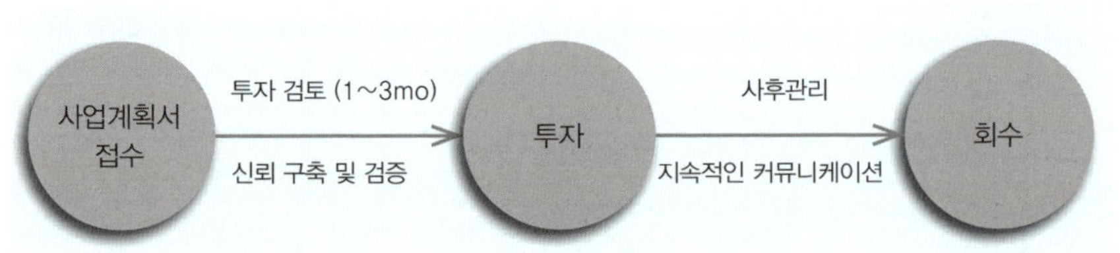

크라우드펀딩 신청 기본 요건

1. 펀딩 신청 스타트업의 관심투자자가 10명 이상일 것
2. 펀딩 신청 스타트업이 오픈트레이드 가입한지 30일이 넘을 것
3. 펀딩 신청 스타트업이 자신의 비즈니스 모델, 팀 구성, 차별성/핵심역량, 지적재산을 완성할 것
4. 펀딩 신청 스타트업이 자신의 타임라인에 회사의 경영사항을 최소 20회 이상 작성할 것

자료: http://itpostit.tistory.com/40

■ 대출형

대출형 크라우드펀딩은 대출기관을 통한 일반적인 대출과 달리, 투자자들이 자금수요자의 정보를 가지고 투자를 결정한다. 투자자들과 자금수요자 사이 또한 일반적으로 채권·채무의 관계가 아니며, 크라우드펀딩 플랫폼이 자금수요자와 투자자들의 자금관계의 권리를 가지고 자금수요자에게는 채권자의 권리를 가지며, 투자자에게는 원리금수취권을 주어 자금수요자와 투자자 사이에 유기적으로 관여한다. 다만 투자에 따른 위험은 전적으로 투자자들이 부담하는 방식이다.

■ 기부형

기부형 크라우드펀딩은 후원형의 크라우드펀딩과 방식 면에서 유사하지만, 후원형 크라우드펀딩과는 달리 보상을 조건으로 하지 않고 순수한 기부만을 목적으로 한다. 대표적 기부형 크라우드펀딩 '힘내요'는 자신의 돈을 투자하지 않고도 매주 들어오는 소액의 적립금을 받아 다른 사람을 후원할 수 있는 플랫폼이다.

■ **크라우드펀딩의 주요 주체와 역할**

	얻는 것	해야할 일
모금자	1. 돈(펀딩 성공 금액) 2. 인지도	1. 좋은 제품과 서비스 창출 2. 무엇을 투자자에게 돌려줄지 결정 3. 제품이 가지고 있는 특성과 왜 크라우드펀딩을 하는지를 명확하게 전달 4. 기존 고객(FAN)에게 투자를 권유
중개 플랫폼	1. 돈(중개수수료) 2. 플랫폼 인지도	1. 펀딩 성공 가능한 모금자 선정 2. 펀딩 성공을 높이기 위한 상품 설계 지원 3. 모금자의 적극적 참여 권장 　　모금자의 도덕적 해이 예방 4. 플랫폼 안, 밖에 있는 사람들이 투자할 수 있도록 유도
참여자	1. 모금자가 나누어 주는 것	1. 투자 2. 다름 사람에게 이야기

6. 크라우드펀딩의 모집 대상

1. 펀드는 모집 대상에 따라 공모펀드와 사모펀드로 구분된다.

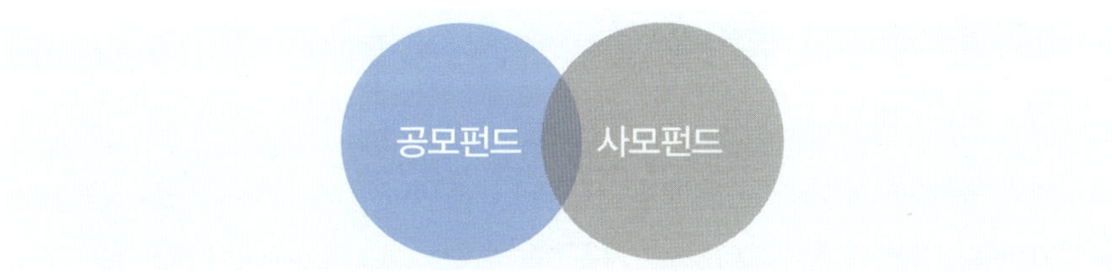

2. 모집대상과 투자대상이 다르다.

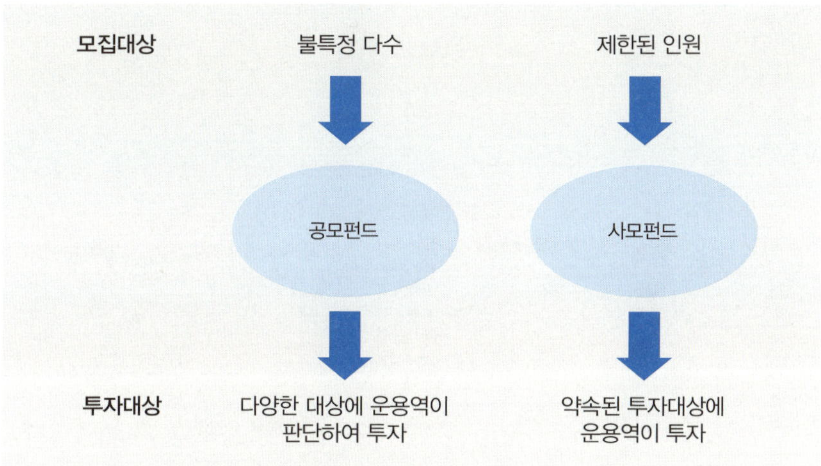

3. 공모펀드와 사모펀드의 장ㆍ단점

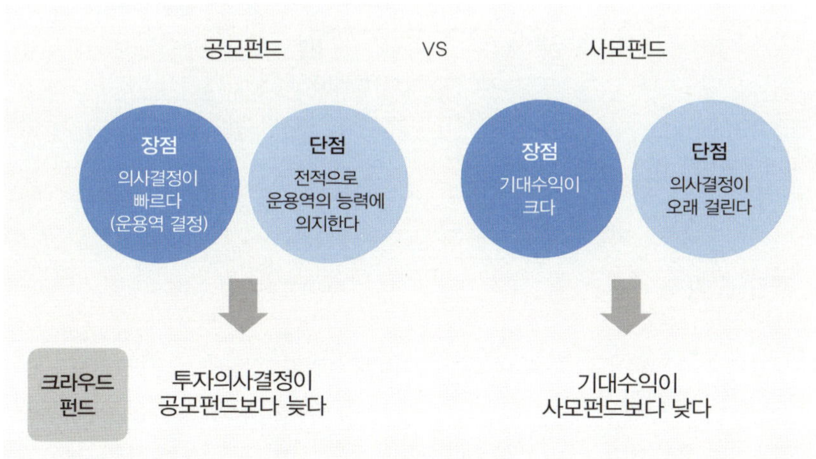

자료: 크라우드산업연구소

7. 증권형 크라우드펀딩 운영 구조 및 참가자

■ 증권형 크라우드펀딩 제도 운영 구조

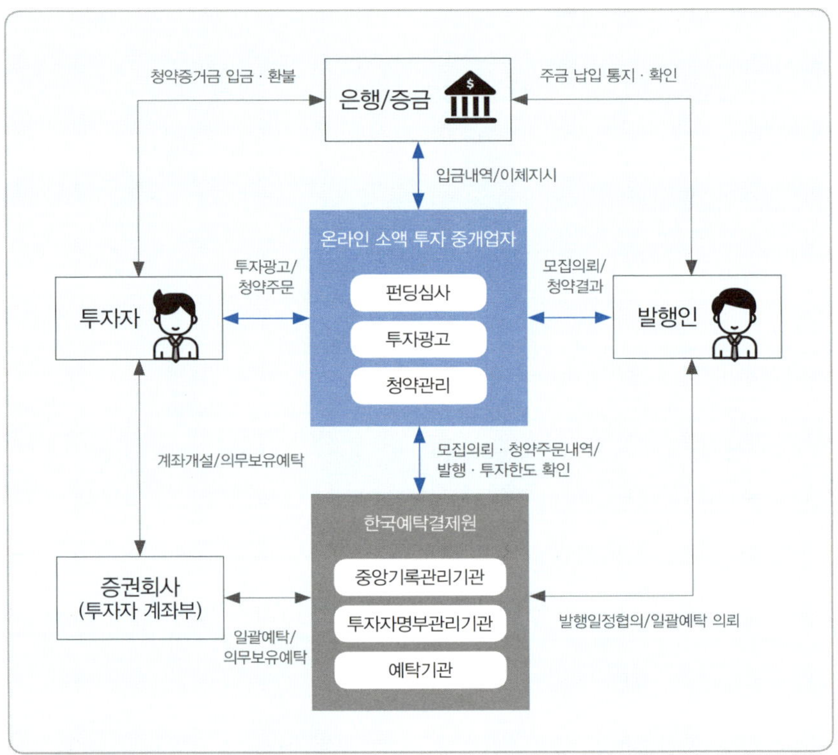

자료: 한국예탁결제원

■ 주요 참가자

(1) 온라인중개업자

온라인중개업자란 크라우드펀딩 중개를 담당하는 금융투자업자를 말한다. 온라인중개업자는 고객 자산을 직접 수탁하거나 운용하지 않고 발행인과 투자자 사이에서 증권을 단순 중개하는 역할을 수행한다. 투자자를 보호하고 시장질서 교란을 방지하기 위해 온라인중개업자는 반드시 자본금, 인적·물적 요건 등의 일정 요건을 갖춰 금융위원회에 등록해야 한다.

(2) 발행인

크라우드펀딩을 통하여 증권을 발행할 수 있는 자(온라인소액증권발행인)는 원칙적으로 비상장 중소기업으로서 창업 후 7년 이내이거나 프로젝트성 사업을 수행하는 자에 해당하여야만 한다. 다만, 비상장 벤처기업 또는 이노비즈기업 및 메인비즈기업은 업력이 7년을 초과하더라도 크라우드펀딩을 통한 증권발행이 가능하다. 그리고 신생·창업기업 지원의 취지를 감안하여 금융·보험업, 부동산업, 무도장운영업, 갬블링·베팅업 등 특정 업종을 영위하는 경우에는 크라우드펀딩으로 증권을 발행할 수 없다.

(3) 투자자

창의적 아이디어나 사업계획을 가진 신생·창업기업에 대한 투자에 관심을 가진 사람이라면 누구나 증권형 크라우드펀딩의 투자자가 될 수 있다. 자본시장법에서는 투자자들이 과도한 금액을 투자하고 상당한 손실을 입는 경우를 사전에 방지하기 위해서 투자한도를 정하고 있으며, 투자한도는 투자자의 전문성, 위험감수능력에 따라 차등화하여 적용하고 있다.

■ **유관기관**

(1) 중앙기록관리기관

온라인중개업자로부터 크라우드펀딩의 발행인과 투자자에 대한 정보를 제공받아 관리하는 기관이다. 온라인중개업자로부터 발행한도 및 투자한도의 관리 업무를 위탁받아 관리하는 역할을 수행한다. 온라인중개업자로부터 제공받은 자료를 보관·관리하며, 정책감독당국을 지원하는 역할을 수행한다.

(2) 투자자명부관리기관

한국예탁결제원이 크라우드펀딩의 투자자명부관리기관 역할을 수행한다. 따라서 발행인은 투자자명부(주주명부 등 증권의 소유자 내역을 기재·관리하는 명부)의 관리에 관한 업무를 한국예탁결제원에 위탁하여야 한다.

(3) 예탁기관

한국예탁결제원은 크라우드펀딩의 예탁기관 역할을 수행한다. 따라서 투자자는 크라우드펀딩을 통하여 발행된 증권을 지체 없이 한국예탁결제원에 예탁하거나 보호 예수하여야 한다.

(4) 청약증거금 관리기관

온라인중개업자는 청약증거금 관리기관인 은행 또는 증권금융회사에 투자자의 청약증거금을 예치 또는 신탁해야 한다. 청약증거금 관리기관은 청약증거금을 자기재산과 구분하여 신의에 따라 성실히 관리하여야 한다.

※ 온라인중개업자는 투자자로부터 일체의 금전·증권, 그 밖의 재산의 보관·예탁을 받아서는 안 된다.

■ 자금조달하기

(1) 발행인의 범위

크라우드펀딩을 통하여 증권을 발행하여 자금을 조달할 수 있는 자는 원칙적으로 비상장중소기업으로서 창업 후 7년 이내이거나, 「중소기업 창업지원법」지원대상에 준하여 주권상장법인 및 일부 제외업종[10]을 영위하는 자는 예외적으로 발행인 범위에서 제외된다. 다만, 벤처기업과 기술혁신형 중소기업(이노비즈기업), 경영혁신형 중소기업(메인비즈기업), 비상장중소기업이 신기술개발, 문화사업 등 프로젝트사업[11]을 하는 경우에는 업력에 관계없이(7년을 초과하여도) 크라우드펀딩을 통한 증권 발행이 가능하다.

※ 신생 · 창업기업 지원의 취지를 감안하여 금융 · 보험업, 부동산업, 무도장운영업, 갬블링 · 베팅업 등 특정 업종을 영위하는 경우는 제외한다.

크라우드펀딩 발행인의 범위

구 분	포 함	제 외	비 고
창업 7년 이내	• 창업자 「창업지원법」 제2조 제2호	• 주권상장법인 • 금융 보험업, 부동산업, 무도장운영업 기타 사행성 업종	제외 업종 중 '기타 금융지원 서비스'(핀테크 일부) 및 '공익목적 부동산'은 포함
업력 7년 초과	• 벤처기업 • 이노비즈기업 • 메인비즈기업		
	• 프로젝트사업 (비상장 중소기업)	• 주권상장법인	신기술개발, 문화, 관광, 스포츠 등

(2) 발행증권의 범위

크라우드펀딩으로 발행할 수 있는 증권은 지분증권, 채무증권, 투자계약증권으로 한정하고 있다.

※ 수익증권, 파생결합증권, 증권예탁증권 등은 제외

---

10) 크라우드펀딩 제외 업종 : 금융 · 보험업, 부동산업, 숙박 및 음식점업(상시 근로자 20명 이상의 법인인 음식점업은 포함), 무도장, 골프장, 스키장, 베팅업 등(「중소기업창업지원법 시행령」 제4조)
11) 프로젝트사업 : 비상장 중소기업이 기존 사업과 회계를 분리하여 운영하는 경우

자본시장법상 증권의 분류

구 분	내 용
지분증권	주권, 신주인수권 등과 같이 출자지분 또는 출자지분을 취득할 권리가 표시된 것
채무증권	국채, 지방채, 사채, 기업어음 등과 같이 지급청구권이 표시된 것
투자계약증권	주로 타인이 수행한 공동사업의 결과에 따른 손익을 귀속 받는 계약상의 권리가 표시된 것

(3) 크라우드펀딩을 통한 증권 발행한도

발행인이 크라우드펀딩으로 발행할 수 있는 증권의 발행한도는 연간 7억 원이다.

※ 크라우드펀딩을 통한 모집가액과 과거 1년간 발행금액(증권신고서를 제출하고 발행한 금액+소액공모 금액+크라우드펀딩 금액)을 모두 합산한 금액이 발행한도 7억 원을 초과하지 않아야 한다.

※ 다만, 전문투자자 등이 한국예탁결제원과 예탁 또는 보호예수한 날부터 1년 동안 증권을 인출 또는 매도하지 않기로 계약을 체결한 경우, 해당 금액은 크라우드펀딩 모집가액 산정에서 제외한다.

(4) 증권형 크라우드펀딩을 통한 자금조달의 장점

신생·창업기업의 원활한 자금조달을 지원하기 위하여 증권신고서 제출을 면제하고, 소액공모 대비 제출 서류가 간소화되었다.

증권형 크라우드펀딩을 통한 공모

일반 공모	소액 공모	크라우드펀딩
증권신고서 (약27종)	소액공모 공시서류 (약17종)	증권 발행조건, 재무상황, 사업계획서 등
금융위 수리	금융위 제출	중개업자 홈페이지 게재

■ 증권형 크라우드펀딩 투자자 유형별 투자한도

　자본시장법은 투자자들이 과도한 금액을 투자하고 상당한 손실을 입는 경우를 사전에 방지하기 위하여 연간 동일 발행인 투자한도와 연간 총 투자한도를 정하고 있다.

　(1) 투자자는 전문성, 위험감수능력 등에 따라 일반투자자, 소득요건 구비 투자자, 전문투자자로 구분된다.

　(2) 투자자 유형별로 연간 동일 발행인 투자한도와 연간 총 투자한도를 차등화하여 적용하고 있다.

증권형 크라우드펀딩 투자자 유형별 투자 한도

투자자 유형	연간 동일 발행인 투자한도	연간 총 투자한도
일반투자자	200만 원	500만 원
소득요건 구비 투자자	1,000만 원	2,000만 원
전문투자자	한도 없음	한도 없음

자료: 「자본시장법」 제117조의 10

■ 지분증권과 주권(지분)

　(1) 「자본시장법」상 지분증권에는 주권(주식), 신주인수권, 출자증권 등이 있으나, 실무상 크라우드펀딩을 통해서 발행되는 지분증권은 주권(주식)이 일반적이다.

　(2) 주식은 의결권 여부, 우선배당 여부, 상환권 및 전환권 여부 등에 따라 구분된다.

주식의 종류

구분	의결권	우선배당	상환권	전환권	회수방법	비고
보통주	O	X	X	X	배당/매각	
우선주	X	O	X	X	배당/매각	
전환우선주	X	O	X	O	배당/상환	
상환우선주	X	O	O	X	배당/상환/매각	이익잉여금 범위 내 상환
상환전환우선주	X	O	O	O	배당/상환/매각	

■ 채무증권

(1) 「자본시장법」상 채무증권에는 국채증권, 지방채증권, 특수채증권, 사채권, 기업어음증권 등이 있으나, 실무상 크라우드펀딩을 통해서 발행되는 채무증권은 사채권이 일반적이다.

(2) 채권은 주식전환 여부, 현금 흐름, 회수 방법 등에 따라 구분된다.

채권의 종류

구 분	주식전환 & 현금흐름	회수방법	비고
회사채(사채)	해당 사항 없음	이자/매각/상환	
전환사채	주식전환 시 채무 소멸, 추가 자금유입 없음	이자/매각/상환	만기 시 원리금 미상환 시 Default 발생
신주인수권부사채	주식전환 시 채무 유지, 추가 자금유입 있음	이자/매각/상환	
교환사채	담보자산 교환 시 채무 소멸	이자/매각/상환	
이익참가부사채	해당 사항 없음	이자/배당/매각/상환	

자료: 한국예탁결제원, 크라우드펀딩 발행인 업무메뉴얼, 2016.12.

■ **투자자 보호 조항**(「자본시장법」)

(1) 발행인이 크라우드펀딩을 통하여 발행할 수 있는 증권의 발행한도를 연간 7억 원으로 제한하고 있다.

(2) 투자자가 크라우드펀딩에 투자할 수 있는 금액(투자한도)을 투자자의 전문성, 위험감수능력에 따라 차등화하여 적용하고 있다.

(3) 크라우드펀딩은 집단성을 이용한다는 취지에 따라 청약금액이 모집예정금액의 80%에 미달하는 경우는 발행 전체를 취소하고 투자자에게 청약증거금을 반환한다.

(4) 발행인의 사업계획 이행 및 투자자의 신뢰 보장을 담보하기 위하여 발행인 및 그 대주주는 크라우드펀딩을 통한 증권 발행 후 1년간 기존 보유 지분을 매도할 수 없다.

■ **크라우드펀딩 투자에 대한 소득공제**

크라우드펀딩으로 투자한 기업이 벤처기업 또는 창업 3년 이내의 기술성 우수기업에 해당하는 경우, 엔젤투자 소득공제 요건에 따라 소득공제를 받을 수 있다.

증권형 크라우드펀딩 투자 소득공제

금액	연간 동일 발행인 투자한도
1,500만 원 이하	200만 원
1,500만 원 초과 ~ 5천만 원 이하	1,000만 원
5천만 원 초과	한도 없음

※ 중소기업청 고시 제2017-16호 "벤처기업확인요령" 참조

8. 국내 크라우드펀딩 업체 현황

국내 크라우드펀딩의 현황을 살펴보면, 지분형, 기부/후원형, 대출형으로 영업하고 있다.

자료: 한국크라우드펀딩기업협의회

■ 지분형 크라우드펀딩

기업이 발행하는 증권(보통주, 우선주, 사채)과 프로젝트성 투자계약증권에 대해 투자하고 투자자는 그에 맞는 지분 및 채권을 수취하며 후에 이익을 배분받을 수 있으며, 보유 증권 및 채권을 매매함으로써 이익을 추구할 수 있다.

(1) 기업과 투자자가 모두 한배를 타고 항해하는 것과 같은 구조이므로, 상호 유기적인 관계가 형성되며 투자자는 마케터 및 소비자의 역할을 하기도 하고 기업을 응원하는 후원자가 된다.

(2) 인터넷을 통해 펀딩 과정이 공개되고 SNS 방식의 직접적인 소통과정을 가짐으로써 신뢰성 기반 위에 투자에 참여할 수 있다.
(3) 지분형 크리우드펀딩 업체

오픈트레이드(http://otrade.co)	와디즈(http://www.wadiz.kr)
인크(http://www.yinc.kr)	유캔스타트(http://ucanstart.com)
오마이컴퍼니(http://www.ohmycompany.com)	

■ 후원형 크라우드펀딩

(1) 후원형은 주로 창작활동, 문화예술상품, 사회공익활동 등을 지원한다.
(2) 영화 · 연극 · 음반 제작, 전시회, 콘서트 등의 공연, 스포츠 행사, 그리고 다양한 사회공익 프로젝트 등에 자금을 후원하고 공연티켓, 시제품, 기념품을 받거나 기여자 명단에 이름을 올리는 방식으로 보답을 받는다.
(3) 후원형 크라우드펀딩 운영업체

굿펀딩(http://www.goodfunding.net)	농사펀드(https://farmingfund.co.kr)
아이디어오디션 (http://www.ideaaudition.com)	메이크스타(http://www.makestar)
와디즈(http://www.wadiz.kr)	키다리펀딩(http://www.keedari.com)
유캔스타트(http://ucanstart.com)	텀블벅(http://www.tumblbug.com)
텐스푼(http://www.tenspoon.co.kr)	펀딩21(http://www.funding21.com)
오지랖(https://www.ozr.kr)	펀루(http://funroo.net)

■ **대출형 크라우드펀딩**

(1) 대출형 크라우드펀딩은 대출기관을 통한 일반적인 대출과 달리, 투자자들이 자금수요자의 정보를 가지고 투자를 결정한다. 투자자들과 자금수요자 사이 또한 일반적으로 채권·채무의 관계가 아니며, 크라우드펀딩 플랫폼이 자금수요자와 투자자들의 자금관계의 권리를 가지고 자금수요자에게는 채권자의 권리를 가지며, 투자자에게는 원리금수취권을 주어 자금수요자와 투자자 사이에 유기적으로 관여한다.

(2) 투자에 따른 위험은 전적으로 투자자들이 부담하는 방식이다.

(3) 대출형 크라우드펀딩업체

머니옥션 (http://www.moneyauction.co.kr)	키핑펀딩(http://keefun.kr/index.php)
팝펀딩(http://www.popfunding.com)	펀딩트리(http://fundingtree.co.kr)
8퍼센트(https://8percent.kr)	렌딧(https://www.lendit.co.kr)
어니스트펀드 (https://www.honest-fund.com)	펀다(https://www.funda.kr)
펀더스(http://www.fundus.co.kr)	유니어스(http://www.uni-us.co.kr)

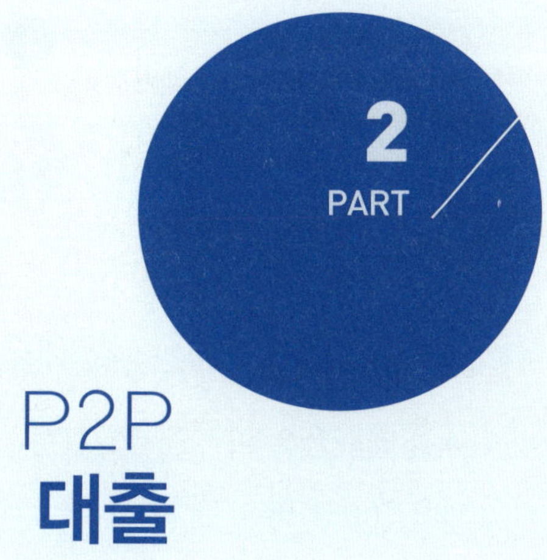

P2P 대출

P2P 금융 현황

P2P 금융시장은 빠르게 성장하고 있다. 세계에서 가장 큰 온라인 P2P 소비자 대출 플랫폼은 미국의 렌딩클럽LendingClub이고, 세계에서 가장 큰 온라인 P2P 사업자 대출 플랫폼은 중국의 홍링Hongling Capital이다. 두 플랫폼 모두 소비자 신용대출과 사업자 대출을 취급하고 있지만, 렌딩클럽은 소비자 대출에 중점을 두고 있고 홍링은 사업자 대출에 중점을 두고 있다.

국가별 P2P 대출 시장 규모는 중국이 975.8억 달러로 75.6%의 비중을 차지하고 있고 P2P 플랫폼 수는 2013년 말 800개에서 2015년 말 2,595개로 증가했는데 특히 알리바바, 제이디닷컴, 텐센트, 핑안 보험과 같은 기업들이 P2P 시장에 진출함에 따라 성장을 견인했다.

1. P2P 대출 산업 현황

■ 산업 현황

(1) 전 세계적으로 이슈로 떠오르고 있는 핀테크 사업

핀테크 사업은 전 세계 금융시장과 IT업계에서의 최고의 이슈이다. 우리나라 역시 이에 발맞춰 인터넷 전문은행 도입, 크라우딩펀딩법 국회 본

회의 통과, 핀테크 지원센터 개소 등의 많은 정책들을 펼치며 기존의 엄격한 법적 규제를 완화해 가고 있다.

(2) 빠른 성장의 P2P 금융시장

P2P 금융시장은 빠르게 성장하고 있다. 세계에서 가장 큰 온라인 P2P 소비자 대출 플랫폼은 미국의 렌딩클럽LendingClub이고, 세계에서 가장 큰 P2P 사업자 대출 플랫폼은 중국의 홍링Hongling Capital이다. 두 플랫폼 모두 소비자 신용대출과 사업자 대출을 취급하고 있지만, 렌딩클럽은 소비자 대출에 중점을 두고 있고 홍링은 사업자 대출에 중점을 두고 있다.

■ 세계 업계 현황

국가별 P2P 대출 시장 규모는 중국이 975.8억 달러로 75.6%의 비중을 차지하고 있어, 두 번째로 규모가 큰 미국 시장 규모의 3.3배 수준이다. 중국의 인터넷 사용자 수가 6.68억 명으로 세계에서 가장 많아 소셜 미디어 환경도 우호적일 뿐만 아니라, P2P 시장에 대한 낮은 진입장벽과 정책 지원, 규제 미비로 인한 결과이다. 중국의 P2P 플랫폼 수는 2013년 말 800개에서 2015년 말 2,595개로 증가했는데 특히 알리바바, 제이디닷컴, 텐센트, 핑안 보험과 같은 기업들이 P2P 시장에 진출함에 따라 성장을 견인했다.

(1) 중국에서는 P2P 대출이 2006년부터 시작, 최근 취급 업체가 급증하면서 중개 규모도 급증하였다.

(2) 2014년 미국의 P2P 대출기업인 렌딩클럽Lending Club의 IPO는 2009년부터 2015년까지 7년 동안 300배 이상의 성장을 하였다.

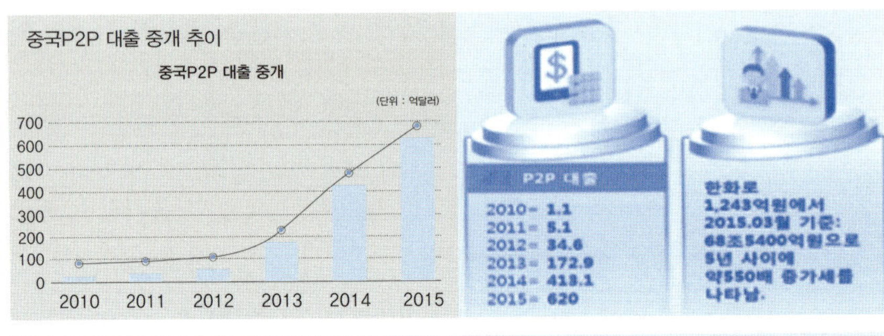

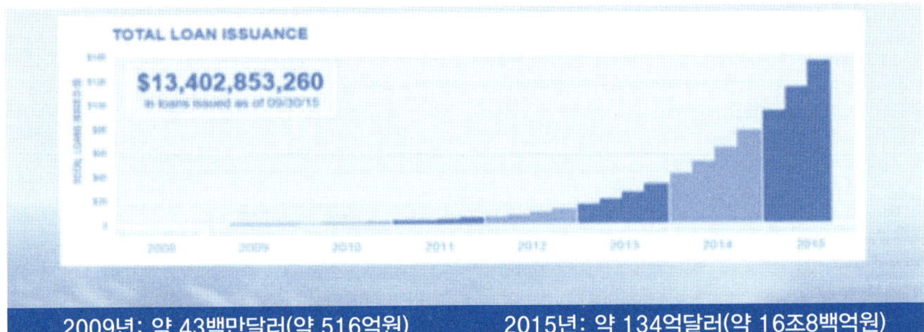

7년동안 300배 이상 증가

렌딩클럽은 공모가 대비 56%오른 23.43달러로 뉴욕 증권거래소의 첫 거래를 마치고, 7년만에 상장 후 기업가치가 85억달러로 성장하였다.

자료: 한국P2P금융투자자협회

③ 국내 업계는 2014년부터 P2P 사업을 준비 과정을 거쳐 2015년에 본격적인 시장을 형성하였고, 지속적인 발전과 성장을 하고 있다.

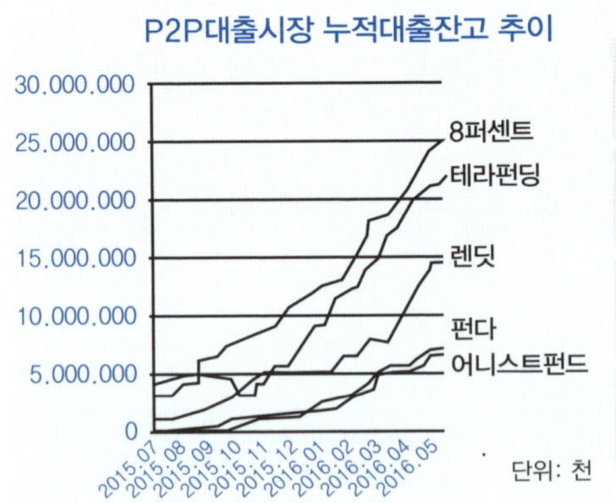

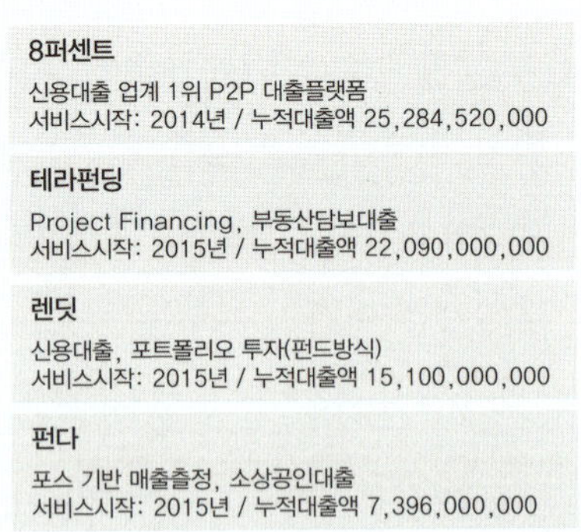

자료: 한국P2P금융투자자협회

■ P2P 대출의 규제 유형

'미국형, 영국형, 중개형, 은행형, 비규제형, 금지형'으로 나눌 수 있다.

(1) P2P 대출을 가장 먼저 시작한 영국의 경우, 2014년부터 금융행위감독청(FCA)의 관리·감독 하에 P2P 대출 산업을 규제하고 있다.

(2) 미국의 경우, P2P 대출을 소비신용과 증권으로서 규제하고 있으며 증권거래위원회(SEC)와 금융소비자보호국(CFPB)의 관리감독 대상으로서 규제하고 있다.

(3) 호주, 캐나다, 중국, 일본 등은 P2P 대출을 대출자와 투자자를 중개하는 기구로서 규제하고 있다.

(4) 프랑스, 독일, 이탈리아 등은 P2P 대출을 은행과 동일한 금융기관으로서 규제하고 있다.

※ 우리나라를 비롯한 브라질, 이집트, 이스라엘 등은 아직 P2P 대출에 대한 명확한 규제가 없다.

2. 국내 P2P 대출 시장 현황

1. 국내 P2P 대출 시장이 지속적으로 성장하는 가운데, 금융당국은 투자

자 보호를 위한 P2P 대출 가이드라인 및 시장 정비 계획을 발표[12]하였다.

⑴ 평균 수익률은 업체와 대출 유형에 따라 차이가 있으나 10~13% 수준에서 형성되어 있으며, 투자기간은 6~36개월 사이에 분포되었다.

⑵ 시중 금리 대비 높은 수익률로 인하여 P2P 대출 시장의 누적 투자액은 2016년 5월 891억에서 11월 3,697억을 기록했으며, 투자자수는 2016년 9월 말 기준 13.6만 명으로 6월 말의 3.7만 명 대비 260% 이상 증가(차입자 수 2016년 9월 말 4,891명으로 6월 대비 약 50% 증가)하였다.

2. 부동산 관련 대출 위주로 뚜렷한 성장세를 보이며 PF투자가 대출 유형별 잔액의 47% 이상을 차지했다.

⑴ P2P 부동산 대출 유형(2016년 11월 말 기준)

개인신용	17%
부동산담보대출	15%
소상공인 법인 대출	8%

⑵ 부동산 투자 상품의 경우 P2P 업체에서 부동산 담보가치와 사업수익성 등을 평가한 후 기대수익률을 제시하여 투자자를 모집하는 방식으로, 부동산 담보물로 인하여 개인신용과 같은 신용 P2P 대비 상대적으로 안전하다는 인식하에 투자자 모집이 용이하다.

12) 금융위원회. 2016.11.2

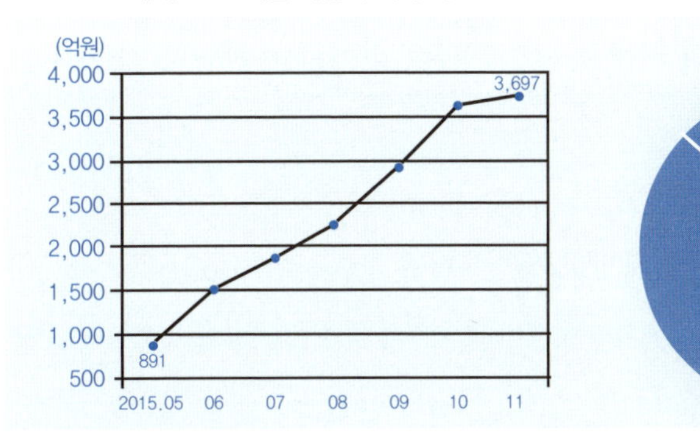

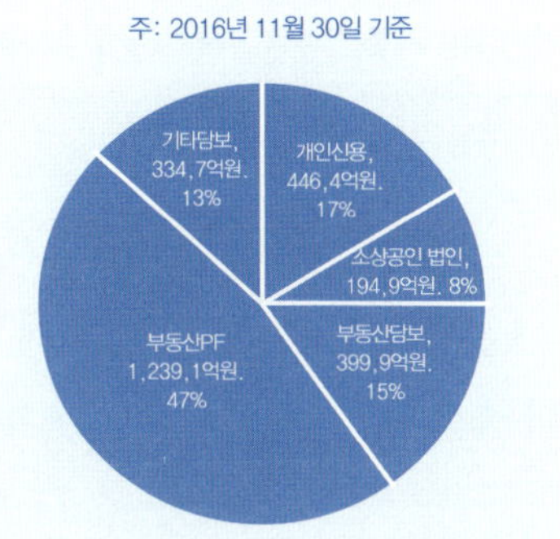

자료: 한국P2P금융협회

3. P2P 가이드라인 발표 이후 최근 P2P 대출 시장 동향

2017년 2월 27일 가이드라인 발표하였던 P2P 대출 가이드라인이 3개월 유예기간 경과로 2017년 5월 29일부터 본격 시행되었다.

(1) 2017년 2월 27일 가이드라인 발표 이후 두 달 사이 누적대출액은 3,125억 원(38.2%) 증가(8,173억 원→1조1,298억 원)하였고, 업체 수도 18개 (13.8%) 증가(130社→148社)하였다.

(2) 부동산 PF 등 부동산 관련 대출의 비중이 높은 수준을 유지하였다.

부동산 관련 대출액/총 대출잔액 ('16.12월) 65% → ('17.2월) 66% → ('17.4월) 64%

업체 수 및 대출 취급 동향 추이

(단위 : 社, 억 원, %)

구분	2015. 말	2016. 말	2017. 2말 (A)	2017. 4말 (B)	증감(B-A) (증가율)
P2P 업체 수	27	125	130	148	18 (13.8)
협회회원사	–	34	34	45	11 (32.4)
누적대출액	373	6,289	8,173	11,298	3,125 (38.2)

자료: '한국P2P금융협회', '크라우드연구소' 제출자료 기준

(3) 2017년 4월 말 상위 30사의 시장점유율은 86.1%로 2016년 말(90.6%) 대비 소폭 감소하였으나 여전히 높은 비중을 차지하고 있는 등 대형사 위주의 시장 모습이다.

4. 2017년 4월 말 하위 50사의 시장점유율은 1.0%로 2016년 말(2.4%) 대비 축소

상위 30개사 및 하위 50개사 시장점유율

(단위 : 억 원)

구분	2017.12월	2017.4월	증감액	증감률
상위 30개사 (비 중)	5,699 (90.6%)	9,722 (86.1%)	4,023 –	70.6% (△4.6%p)
하위 50개사 (비 중)	151 (2.4%)	114 (1.0%)	△37 –	△24.5% (△1.4%p)
전체	6,289	11,298	5,009	79.6%

누적대출액 기준
자료: '한국P2P금융협회', '크라우드연구소' 제출자료 기준

5. 국내 P2P 통계 2016년 19개사

국내 P2P 대출 서비스의 누적대출액이 1,100억 원을 넘어섰다. 2015년 대비 2016년 213%의 성장률이다.

(1) 2016년 5월 17일 국내 상위 20여 개의 P2P 업체가 대출한 금액이 1,100억 원(2016년 5월 17일 기준)을 넘어섰다. 2015년 12월 기준 총 누적 대출액은 약 351억 원으로, 5개월 만에 약 749억 원에 가까운 대출이 진행되었다.

⑵ 누적 대출액 1,100억 원 돌파는 상위 업체들이 주도한 것으로 나타났다. 상위 업체들의 총 누적 대출액은 685억 4,665만 원으로 전체 P2P 대출액의 62.1%를 차지했다. 상위 4개 업체의 누적 대출액 및 점유율은 8퍼센트 216억 1,925만 원(19.6%), 테라펀딩 197억(17.9%), 빌리 139억 2,740만 원(12.6%), 렌딧 133억 원(12%) 순이다.

⑶ 상위 업체들은 P2P 시장 초기 개인신용 분야에 집중한 것과 달리 다양한 대출 상품 취급을 통해 P2P 시장의 저변을 넓혀 가고 있었다. 4개 사 대출 상품을 살펴보면, 개인신용 및 소상공인 대출에 집중했던 8퍼센트는 최근 부동산 담보 물건을 취급하기 시작했다. 테라펀딩은 주택, 소형 빌라 건립을 위한 부동산 대출 시장에 주력하고 있으며, 빌리의 경우 개인신용, 사업자, 매출담보, 부동산담보 대출 상품을 취급하고 있었다. 렌딧은 개인신용 및 사업자 대출 상품을 엮은 포트폴리오형 대출 상품을 취급한다.

⑷ P2P 시장이 폭발적으로 성장함에 따라 P2P 대출업체를 향한 법적 규제도 완화될 조짐을 보이고 있다. 2016년 4월 13일 금융감독원이 전북은행과 피플펀드의 P2P 대출상품을 검토한 결과, 특별한 문제점이 없다고 결론지었다. 이에 따라 '대부업'이라는 굴레를 벗어나기 힘들었던 P2P 대출 시장의 새로운 전환기가 마련될 것으로 보인다.

⑸ P2P 대출투자 플랫폼 빌리는 국내 P2P 대출형 크라우드펀딩 서비스 19개 사의 누적대출액이 1,100억 원을 넘었다고 발표했다(2016년 5월 17일 기준, 각 사 공시 기준).

⑹ 2015년 12월 기준 9개사 총 누적 대출액은 약 351억 원으로, 5개월 만에 약 749억 원이 증가하였다(9개사: 8퍼센트, 테라펀딩, 렌딧, 투게더, 빌리, 펀다, 펀딩클럽, 어니스트펀드, 펀딩플랫폼).

⑺ 최근의 증가세는 P2P 서비스를 초기에 선보인 업체 4개사가 주도한 것으로 나타났다. 상위 4개 업체의 총 누적 대출액은 685억 4,665만 원으로 전체 P2P 대출액의 62.1%를 차지했다.

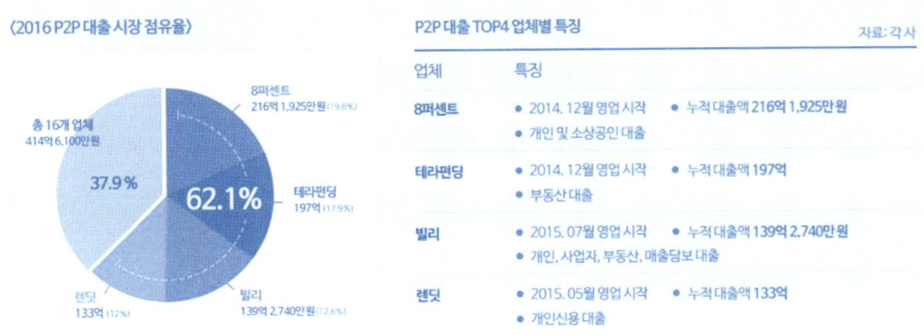

P2P 투자 주요 업체 리스트 및 대출금액(2016년 5월 17일 기준)

업체명	취급액
8퍼센트	216억 1,925만 원
테라펀딩	197억 원
빌리	139억 2,740만 원
렌딧	133억 원
투게더	113억 1,800만 원
루프펀딩	81억 5,000만 원
펀다	58억 6,600만 원
어니스트펀드	57억 1,400만 원
펀딩클럽	27억 500만 원
라운드잇	21억 6,500만 원
펀딩플랫폼	13억 2,100만 원

펀더스	11억 9,100만 원
유니어스	10억 800만 원
탱커	6억 3,100만 원
올리소셜펀드	4억 9,500만 원
소딧	4억 500만 원

자료: 한국P2P금융협회

3. 카테고리로 보는 P2P 금융(분야별 대표기업)

P2P 금융이 전문 영역으로 세분화되고 있다. 일반적으로 가장 널리 알려진 개인신용 대출에서 나아가 부동산 담보 대출, 소상공인 대출, 주식 담보 대출 등 그 범위와 전문 분야가 뚜렷해지고 있다.

■ 개인신용 대출의 대표적인 P2P 기업

어니스트펀드, 8퍼센트, 렌딧이 있으며, 부동산 담보 대출에 테라펀딩, 투게더앱스가 있다. 또, 소상공인 대출만을 전문으로 하는 펀다, 주식을 담보로 거래하는 코리아펀딩 등 다수의 P2P 업체가 특색을 내세워 활발히 영업 중이다.

■ 개인신용 대출 – 어니스트펀드, 8퍼센트, 렌딧

개인신용 P2P 대출은 자금이 필요한 대출희망자에게 개인투자자가 직접 개인 대 개인으로 자금을 투자하는 방식이다. 개인신용 대출에는 투자방법에 따라 개별채권 투자상품과 개별채권의 묶음인 포트폴리오 투자상품으로 나뉜다.

(1) 어니스트펀드

2015년 2월 설립된 P2P 금융기업으로, 자금이 필요한 대출자와 개인투자자를 직접 연결해 주는 P2P 금융 플랫폼이다. 어니스트펀드는 일반 금융기관 대비 30% 이상 저렴한 이자율을 제공하며, 대환대출 고객 기준 평균 58% 절감된 이자율을 제공한다. 어니스트펀드는 대출자에게 연 3.83~17.48%의 중저금리 대출을, 투자자에게는 평균 9~10%의 매력적인 수익률을 제공하고 있다. 또한, 개별채권 투자상품과 포트폴리오 투자상품을 함께 다뤄 투자자 개개인의 성향에 따라 선택할 수 있도록 다양한 상품군을 제공하고 있다. SCI평가정보와 투자자보호를 위한 제휴를 맺어 대출자 검증 강화, 신용평가모델 공동 개발, 부실채권 자문, 채권추심 등 종합적인 채권관리 부문에서 투자자 안정성을 강화하고 있다. 한편, 어니스트펀드는 P2P 업계 최초로 신한은행과 업무 제휴를 맺은 데 이어, 10억 원을 투자받아 금융기업과 핀테크 기업 간의 상생 협력 모델을 구축한 바 있다.

(2) 8퍼센트

2014년 12월 설립한 P2P 금융기업으로, 개인신용, 소상공인 및 기업대출, 부동산 담보 등 다양한 분야의 대출과 투자를 진행하고 있다. 8퍼센트는 국내 P2P 기업 부흥의 선발 업체로서 2016년 5월 누적 투자액 200억 원을 넘기기도 했다. 또, 8퍼센트는 '자동분산투자' 서비스를 시작해 해당 서비스를 이용하는 투자자는 수백 건의 채권에 균등하게 투자를 할

수 있도록 했다. 자동분산투자의 최소 투자금액은 5만 원이며 투자 기간
은 투자자의 성향에 따라 6~36개월로 다양하게 설정할 수 있다. 투자자
는 ON/OFF 메뉴로 간편하게 자동투자의 해제 및 재설정이 가능하다. 8
퍼센트의 '안심펀드'는 대출 금액 3천만 원 미만 채권을 대상으로 만든 서
비스로, 안심펀드를 이용하면 투자한 원금을 50%까지 보호받을 수 있다.

(3) 렌딧

2015년 3월 설립된 P2P 금융기업으로, 평균 100건의 개별채권을 묶어
하나의 포트폴리오를 발행, 투자자에게 10% 내외의 수익을 돌려주는
P2P 포트폴리오 투자상품을 2015년 7월부터 월 1회 이상 출시하고 있다.
렌딧은 자체 개발한 신용평가시스템인 '렌딧CSS Credit Scoring System 등급'을
바탕으로 금리를 정한 다음 대출자에게 돈을 빌려준다. 신용평가사 신용
등급과 대출자 금융기록, 소셜데이터를 종합해 세부적으로 대출자 신용
도를 분석하고 평가해 등급을 산출하는 방식이다. 등급은 총 20개로 나
뉘며, 렌딧은 10등급 이하 판정을 받은 대출자를 대상으로만 대출을 진
행한다. 또한, 나이스 신용평가와 사기방지시스템 협력을 맺었다. 사기
방지시스템을 통해 이상 징후가 파악되면 대출이 이뤄지지 않는다.

■ 부동산 담보 대출 - 테라펀딩, 투게더앱스

부동산 담보 P2P 대출은 다수의 투자자들이 모은 투자금을 대출신청인의
부동산을 담보로 하여 빌려주고 정해진 기간 동안 이자를 얻는 형태다. 대
표적인 업체로는 테라펀딩, 투게더앱스 등이 있다. 최근 개인신용 대출을
주력으로 했던 8퍼센트도 부동산 담보 대출 시장에 출사표를 던졌다.

(1) 테라펀딩

건축 자금이 필요한 부동산 사업자와 개인투자자를 연결해 주는 온라인 중개 플랫폼이다. 최근 부동산 담보 대출의 인기가 높아지면서 투자금 모집 속도도 점점 빨라지고 있다. 2016년 4월 진행된 테라펀딩의 투자상품 분석 자료에 따르면, 총 8건의 펀딩 규모는 32억 3,000만 원으로, 소요시간은 단 15분 27초에 불과했다. 1억 원이 모이는 데 걸린 시간이 평균 28.7초였다는 얘기다. 테라펀딩의 2016년 4월 기준으로 이용자 분석 자료를 보면, 30대가 45%로 가장 많은 비율을 차지하고 있고, 20대~40대까지의 비율은 88%로 거의 대부분을 차지했다. 반면 60대는 평균 투자액이 3,500만 원에 달할 정도로 고액투자자들이 몰려 있다.

(2) 투게더앱스

아파트, 주택 등의 부동산담보대출 전문 P2P 금융기업으로, 투자자의 투자금 보호를 위한 매입보증제도와 중도인출시스템을 운영하고 있다. 매입보증제도는 대출자가 이자 등을 연체했을 때, 채권매입전문회사가 채권을 매입해 주기로 약정을 하여 부실률을 낮추는 제도다. 또한, 중도인출시스템은 투자자가 개인적인 사정 등의 이유가 생겼을 경우 중도에 투자금을 인출할 수 있게 해 주는 제도다. 한편, 투게더앱스는 대신저축은행과 제휴해 투자자들의 자금 관리를 하고 있다.

■ 동산 담보 대출 – 팝펀딩, 키핑펀딩

(1) 팝펀딩

2007년 P2P 대출 서비스를 선보인 곳으로, 국내 1세대 P2P 업체다. 팝펀딩은 동산 담보 대출(실물재산 담보 대출)을 전문으로 하는 업체로, 음악 저작권으로 시작해 의류를 담보로 한 투자 상품 서비스도 선보였다. 실제 2016년 1월 가수 강인원 씨의 대표곡 〈비 오는 날의 수채화〉 등 151곳의 저작권을 담보로 한 3억 원 대출을 주선한 바 있다.

⑵ 키핑펀딩

동산 담보 대출을 하는 P2P 업체로, 기존 '전당포'와 비슷하게 명품 가방이나 카메라, 귀금속 등을 담보로 P2P 소액 대출을 중개하고 있다.

■ 소상공인 대출 – 펀다

펀다는 소상공인 전문 P2P플랫폼으로 지역 상점을 투자자와 직접 연결해 주는 P2P 플랫폼이다. 웹사이트에 대출을 원하는 가게의 분석 정보, 대출 금액, 금리 등을 올려 여러 명의 소액 투자를 유치하는 방식이다. 업종별로는 요식업 분야가 많았으며, 그 외에도 도소매 업체, 학원 공연 기획 등 다양한 분야의 사업주가 펀다를 찾았다. 대출 목적으로는 운영자금에 대한 수요가 절반에 이르며, 뒤를 이어 대환대출, 2·3호점의 창업자금, 리모델링 비용 등 상점의 확장을 위한 대출 수요 순이었다. 특히, 펀다는 대출 신청 상점 일일 매출과 POS에서 나오는 데이터를 분석해 월평균 수익, 잉여 자금을 산출한다. 이를 바탕으로 상환능력을 판단하고 대출을 결정한다. 대출 후에도 POS를 통해 실시간 매출을 받아, 대출자 상점 매출이 떨어지면 대출 담당자와 상담을 통해 매출을 올릴 수 있는 방안을 논의하는 것으로 알려졌다.

■ 주식 담보 대출 – 코리아펀딩

코리아펀딩은 장외주식을 담보로 대출자와 투자자를 연결해 주는 P2P 금융 플랫폼이다. 코리아펀딩 P2P 상품에 편입되는 장외주식은 대기업 계열사나 중견기업, IT· 벤처, 바이오 · 헬스케어 종목을 대상으로 하며, 담보자산 평가액 대비 최대 60%까지 금리 연 7~8%를 적용한다. 이에 따라 대출을 신청한 개인이나 법인에게 최소 5000만 원에서 최대 20억 원까지 펀딩이 실행된다. 펀딩 대상 장외주식에 대한 기업가치 평가는 비상장기업 전문 투자자문사인 시온투자자문을 통해 안전성, 수익성, 성장성, 유동성 등 4개 항목의 평점이 우수한 기업을 대상으로 선정한다. 채무불이행 시에는 반대매매를 통해 빠르게 원리금회수를 진행한다,

4. P2P 금융 대출업체 투자자 보호제도

현재 P2P 대출중개서비스에 대한 명확한 법적 규정이 구비되어 있지 않아 중개수수료, P2P 대출중개업체의 이용자 보호 등에 관한 보호책이 없다.

1) 현 P2P 대출중개서비스에 대한 법정 규정은 없는 상태이나 투자자 보호를 위해 대부(중개업)으로 영업하거나 저축은행 또는 대부업체와 연계하여 운영하고 있다.

2) 현 「대부업법」은 차입자로부터 중개수수료를 받는 것은 금지되어 있어 P2P 플랫폼 사업체를 별도로 운영하여 차입자로부터 플랫폼 이용료를 받는 방식으로 법을 위반하지 않는 업무를 수행하고 있다.

3) 불특정 다수의 자금을 모으기 때문에 금융소비자 보호에 대한 감독과

규제에 대한 정비 필요성도 제기되어야 한다.

4) P2P 대출을 규제하기 위한 방법은「대부업법」,「자본시장법」에 편입을 하든지 특별법을 별도 입법하는 제도 정착이 필요하다.

5) P2P 대출중개가 크라우드펀딩의 일종이고 자본시장법에서 '온라인소액투자중개업'을 도입하여 투자형 크라우드펀딩을 규율하고 있는 점을 감안하면, 자본시장법의 개정을 통한 투자자 보호가 가장 현실적인 대안일 것으로 보인다.

6) 위험성에 주의해야 할 점은 금리가 높다고 무조건 좋은 상품이 아니라 안정성과 수익성을 잘 비교하면서 선택해야 한다는 것이다. 각 P2P 금융업체별로 전문분야 품목에 안전한 방법으로 올바른 투자 상품을 제공하는지가 중요하다.

구분	내용
심사	대출심사 : 대출 심사 통과율 8~12(P2업체 심사기준)
	관리심사 : 신용정보, 인터뷰, 소셜 데이터 분석
시스템	세이퍼트, 에스크로 [13] : 투자자 예치금 보호
	FDS(이상거래탐지시스템): 이상 거래 발생 시 계좌 동결
	NICE FRIS(신청사기방지시스템) : 과거 사기정보, 신청서 정보 일치 분석
법	신탁 : 신탁사를 통한 안전한 자금 관리
	질권설정 :대출자 담보물에 대한 질권설정
	공증, 연대보증 : 민사소송 이전에 집행권원 확보를 통한 신속한 채권 회수

13) 에스크로(Escrow)란 구매자와 판매자 간 신용관계가 불확실할 때 제3자가 상거래가 원활히 이루어질 수 있도록 중계를 하 는 매매 보호 서비스이다. 전자상거래의 경우에는 '결제대금 예치'를 의미하며, 거래대금을 제3자에게 맡긴 뒤 물품 배송을 확인하고 판매자에게 지불하는 제도로 사용되고 있다. 즉 소비자가 물건 값을 은행 등 공신력 있는 제3자에게 보관했다가, 배송이 정상적으로 완료되면 은행에서 판매자 계좌로 입금하는 것이다. 물품을 받지 못했거나 반품할 경우에는 금융기관이 즉시 환불해 주기 때문에 인터넷 쇼핑몰을 통한 사기 피해 등을 원천적으로 막을 수 있다.

투자환경	투자 LIVE : 실시간 대출 채권 현황 공개
	투자자 대시보드 : 투자 채권 상환플랜, 현황 등 상세 공개
	최대 투자한도 설정 : 금융감독원 P2P 대출 가이드 적용 − 일반 개인투자자 : 연간 누적금액 1천만 원(동일차입자 5백만 원) − 소득적격 개인투자자 : 연간 누적금액 4천만 원(동일차입자 2천만 원) 1) 이자 · 배당소득 2천만 원 초과 2) 사업 · 근로소득 1억 원 초과 ※ 법인 투자자 및 자본시장법상 전문 투자자(개인)의 경우 별도의 투자한도가 없다.
	분산투자 : 개인신용, 사업자, 부동산, 매출채권, 동산 등

자료: 한국P2P금융협회

2

국내 P2P 대출 시장 및 규제

국내 P2P 대출 시장을 살펴보면, 대출 규모는 꾸준히 증가하고 있지만 아직 다른 선진 나라에 비하면 미약한 시장 초기 단계이다. 국내의 경우 P2P 대출 회사는 플랫폼 회사와 대부회사, 2개의 기업을 운영하는 형태를 갖추고 있다. P2P 대출 회사는 법령에서 정의하고 있지 않은 관계로 대출금 지급을 위해서는 기존 금융기관과 제휴하든지 자회사 대부업체를 설립하여 대출금을 지급해야 하기 때문이다. 이러다 보니 P2P 대출 회사는 대부업 규제를 받지 않고 핀테크 기업임에도 불구하고 은행과 금융결제원의 펌뱅킹, CMS 등과 같이 대고객 뱅킹 서비스 연계가 곤란한 경우도 많다. 또한, 아직은 P2P 대출 기업에 대한 고객 인식이 현저히 낮은 관계로 대고객 홍보시 불법 사금융이나 고금리 대부업체로 오인되어 평판 리스크에도 노출되어 있는 상황이다. 현 국내 P2P 금융 투자회사는 플랫폼 회사가 대출자의 대출 요청에 따라 투자자의 투자금을 모집하여 대출 요청자에게 대출금을 대여해 주고 금융감독원에 등록된 대부업 사업자가 대출자가 세금과 플랫폼이용료를 공제하고 투자자들에게 이자와 상환금을 지급해 주는 운영 방식이다.

1. 국내 P2P 대출 시장 현황

국내 P2P 대출은 2006년 머니옥션이 최초로 시작하였으며, 이후 2007

년 팝펀딩이 설립된 이후 신규사업자 진입이 크게 이루어지지 않다가 2015년부터 시장의 규모가 지속적으로 증가하는 추세이다.

■ 시장규모

(1) P2P 대출 건수는 2013년 442건, 2014년 455건에서 2015년 상반기에만 336건을 기록하였다.

(2) P2P 대출 규모는 2013년 36.4억 원, 2014년 57.8억 원에서 2015년에는 447.7억 원을기록하였고, 2013년 이후 연평균 성장률은 25.7%에 달한다.

(3) 8퍼센트, 테라펀딩, 렛딩 등 주요 P2P 대출 업체들이 2015년에만 누적 대출금액 300억 원을 달성하였고, 2016년에 9월에만 누적금액 3,000억 원을 임박하고 있다.

(4) 초기에는 개인 대상 소액대출 위주였으나 최근에는 법인을 대상으로 하는 부동산 관련 대출(소규모 주택건설 자금 등)이 증가하고 있으며, 개인신용대출 비중은 감소하였다. 소상공인 대출이 증가하면서 1건당 대출금액이 2013년 824만 원에서 2014년 1,270만 원, 2015년 상반기 1,565만 원으로 증가하였다.

국내 P2P 대출 비중 [2016년 기준]

구분	2015년 말	2016년 6월	2016년 9월
개인신용대출 비중	48.8%	27.8%	17.9%
법인담보대출 비중	10.4%	41.7%	45.1%

P2P 대출 시장 현황 (2017.6.30. 서비스 종료 기준)

법인명 ㈜금요일펀딩	신용 개인	신용 법인	기타 담보 개인	기타 담보 법인	부동산 담보 개인	부동산 담보 법인	부동산PF	합계
㈜넥스트펀딩	0	0	0	592,700,000	0	1,474,400,000	0	2,067,100,000
㈜더좋은핀테크	0	0	0	0	0	1,247,500,000	0	1,247,500,000
더줌자산관리㈜	20,000,000	0	40,000,000	629,000,000	370,000,000	0	0	1,059,000,000
랑파트너스㈜	205,000,000	0	100,000,000	3,900,500,000	0	410,000,000	0	4,615,500,000
래더펀딩㈜	0	0	0	0	0	1,000,000,000	0	1,000,000,000
㈜렌딧	0	0	0	0	2,070,000,000	0	0	2,070,000,000
㈜렌딩사이언스	50,408,547,304	1,824,000,000	0	0	0	0	0	52,232,547,304
㈜론포인트	2,870,000,000	0	0	0	0	0	0	2,870,000,000
㈜루프펀딩	0	0	0	0	1,507,000,000	1,675,000,000	0	3,182,000,000
㈜모아핀테크	0	0	0	11,100,000,000	0	0	103,150,000,000	114,250,000,000
㈜모우다	10,230,000	70,000,000	0	0	0	50,000,000	20,226,000,000	20,356,230,000
㈜미드레이트	3,353,520,000	360,000,000	0	500,000,000	165,000,000	30,000,000	100,000,000	4,508,520,000
㈜바로펀딩	638,000,000	130,000,000	191,450,000	0	180,000,000	1,065,000,000	0	2,204,450,000
㈜바른펀드	0	0	0	0	0	0	2,685,920,000	2,685,920,000
베네핏소셜㈜	0	0	0	0	130,000,000	600,000,000	2,030,000,000	2,760,000,000
㈜브릿지펀딩	0	30,000,000	0	8,917,300,000	0	0	3,308,800,000	12,256,100,000
㈜비에프엘금융	0	0	745,000,000	0	0	0	0	745,000,000
비욘드플랫폼서비스㈜	566,000,000	700,000,000	0	0	325,000,000	3,135,000,000	1,450,000,000	6,176,000,000
㈜비플러스	0	0	0	16,172,300,000	0	3,401,000,000	0	19,573,300,000
㈜빅파이	0	504,500,000	0	0	0	0	0	504,500,000
㈜빌드온	0	0	0	0	0	3,232,528,221	0	3,232,528,221
㈜빌리	0	0	0	0	130,000,000	0	1,440,000,000	1,570,000,000
㈜소딧	1,632,960,000	4,635,000,000	0	12,948,300,000	7,340,000,000	0	48,655,000,000	75,211,260,000
스마트펀딩㈜	0	0	0	0	4,228,000,000	28,667,700,000	5,100,000,000	37,995,700,000
스마트핀테크㈜	0	0	60,000,000	1,560,600,000	0	0	0	1,620,600,000
㈜시소플랫폼	0	0	0	0	100,000,000	200,000,000	4,420,000,000	4,720,000,000
썬펀딩㈜	0	0	0	22,998,100,000	0	0	0	22,998,100,000
㈜어니스트펀드	0	0	0	0	30,000,000	0	0	30,000,000
㈜어메이징	23,332,500,000	630,000,000	0	0	0	724,000,000	4,700,000,000	29,386,500,000
㈜에잇퍼센트	0	0	210,000,000	0	50,000,000	0	0	260,000,000
㈜엘리펀드	36,799,550,000	11,967,900,000	0	0	11,706,000,000	0	15,600,000,000	76,073,450,000
㈜올리펀딩	12,600,000	0	0	0	463,000,000	5,690,800,000	0	6,166,400,000
㈜위펀딩	1,024,500,000	0	58,630,000	7,570,000,000	60,000,000	683,700,000	0	9,396,830,000
㈜유니어스	0	0	0	0	590,000,000	0	3,199,849,237	3,789,849,237
㈜유엔아이펀딩	0	0	150,000,000	4,033,000,000	0	0	0	4,183,000,000
이디움㈜	0	0	0	0	80,000,000	0	0	80,000,000
㈜이지펀딩	0	0	0	0	215,000,000	200,000,000	25,161,400,000	25,576,400,000
㈜제트크라우드	0	0	225,000,000	100,000,000	80,000,000	0	315,000,000	720,000,000
코리아펀딩㈜	0	6,952,600,000	0	200,000,000	0	0	0	7,152,600,000
코인렉㈜	0	0	20,512,930,000	40,678,400,000	0	0	0	61,191,330,000
㈜크라우드연구소	0	0	0	0	0	0	0	0
탱커펀드㈜	0	0	946,900,000	100,000,000	2,878,400,000	3,202,900,000	31,251,600,000	38,379,800,000
㈜테라핀테크	0	0	325,000,000	1,540,000,000	5,940,000,000	5,823,500,000	2,780,000,000	16,408,500,000
㈜투게더앱스	0	0	0	0	1,380,000,000	1,093,000,000	145,040,000,000	147,513,000,000
㈜트리거파트너스	0	0	0	0	36,140,000,000	31,811,500,000	0	67,951,500,000
팝펀딩㈜	0	0	0	550,000,000	0	0	250,000,000	800,000,000
㈜펀다	4,508,000,000	26,851,723,000	0	24,668,930,000	0	0	0	56,028,653,000
㈜펀듀	9,843,629,848	6,898,290,000	0	2,273,700,000	335,000,000	0	0	19,350,619,848
㈜펀디드	0	61,774,750,000	0	0	0	0	0	61,774,750,000
㈜펀한펀딩	482,000,000	2,767,000,000	0	0	2,028,000,000	1,557,700,000	0	6,834,700,000
㈜포켓핀테크	0	0	0	0	0	0	0	0
㈜프로핏	80,000,000	0	0	0	0	300,000,000	0	380,000,000
㈜파플펀드컴퍼니	35,000,000	300,000,000	0	0	1,255,000,000	6,349,000,000	0	7,939,000,000
㈜핀스트리트	13,607,000,000	–	–	24,024,100,000	–	40,640,000,000	–	78,271,100,000
㈜헬로핀테크	0	0	0	0	1,840,000,000	6,590,510,000	0	8,430,510,000
	0	0	300,000,000	1,850,000,000	6,550,000,000	16,500,000,000	0	25,200,000,000
	149,429,037,152	126,395,763,000	23,864,910,000	186,926,930,000	88,165,400,000	167,354,738,221	420,863,569,237	1,163,000,347,610
회원사 누적대출액								1,163,000,347,610

자료: 한국P2P금융협회

⑸ 대출유형별로는 법인·사업자 담보대출이 940억 원으로 대출잔액에서 가장 높은 비중(45%)을 차지, 개인신용대출 375억 원, 개인담보대출 499억 원, 법인·사업자신용대출 273억 원 순이다.

⑹ 대출잔액은 2016년 6월 말 1,129억 원이며 2016년 9월 말 기준 2,087억 원이며 3개월 대비 84.9% 증가하였다.

■ P2P 대출업체

국내 P2P 대출중개 업체는 2006년에 최초로 설립되었으며, 2015년 6월 말까지 10개 업체가 운영 중이었고 2017년 현재 148개 업체 정도가 영업 중이다.

국내 P2P대출시장 규모추이('13년 ~ '15년)

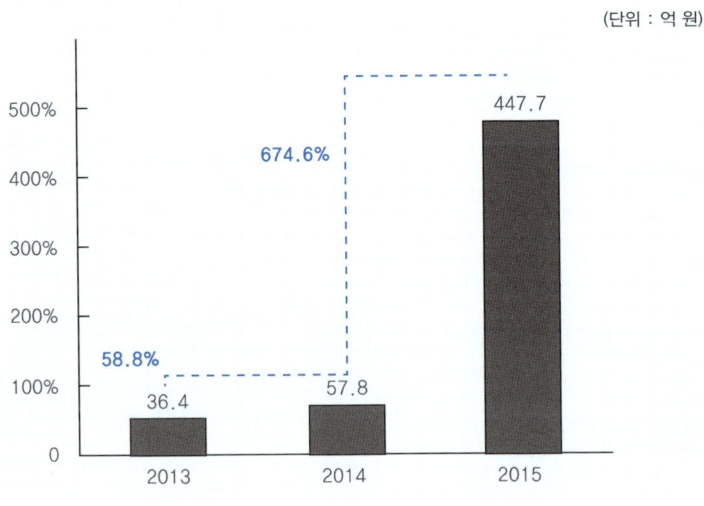

자료: 한국금융연구원, The Aaia-Percific Finance Benchmarking Report(2016)

(1) 2006년 8월 설립된 머니옥션이 최초 업체이며, 이후 2007년 팝펀딩이 설립되었으며 2014년부터 업체 수가 급격히 증가하였다.

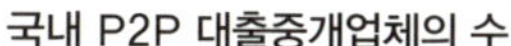

국내 P2P 대출중개업체의 수

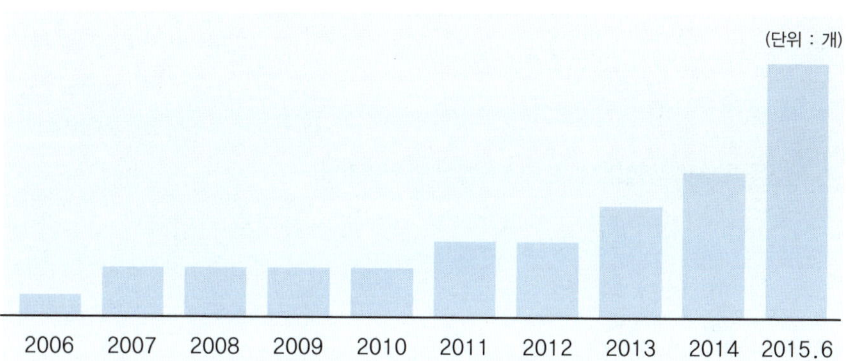

자료: 한국P2P금융협회

(2) 2017년 4월 말 상위 30사의 시장점유율은 86.1%로 2016년 말(90.6%) 대비 소폭 감소하였으나 여전히 높은 비중을 차지하고 있는 등 대형사 위주의 시장 모습이다. 2017년 4월 말 하위 50사의 시장점유율은 1.0%로 2016년 말(2.4%) 대비 축소되었다.

■ 원리금수취권 매입형(대부업체 연계 영업형태)

대부업 자회사를 설립하는 경우에는 자회사인 대부업자가 대출을 실행하고 플랫폼 사업자가 해당 대출의 원리금수취권을 매입하여 투자자에게 판매하는 방식이다.

(1) P2P 대출중개 업체(플랫폼 사업자)는 온라인 사이트의 운영비 명목으로

투자자와 차입자로부터 일정수수료(0.5%~5%)를 수취하며, 원리금을 상환 받아 투자자에게 배분하는 업무 역할을 한다.

(2) 대출금[14](100만 원~1,000만 원)은 경쟁입찰(역경매 방식)로 결정되며, 채무불이행 시에는 대부업체가 연체이자 부과 및 채권추심 업무를 대행(관련 수수료는 분배금에서 차감)한다.

■ 현금담보 제공형(은행 및 저축은행 연계 영업형태)

저축은행이나 지방은행과 연계하는 경우에는 플랫폼 사업자가 모집한 자금을 담보로 저축은행이나 지방은행이 대출을 실행한다.

(1) 차입자는 이자가 아닌 담보수수료(이자제한법 적용25%)와 회원가입비(대출 낙찰 시 반환)를 납부하며, P2 대출중개 업체(플랫폼 사업자)는 투자자로부터 수취 담보수수료의 5~10%를 이용료로 수취한다.

(2) 대출은 선착순이나 경쟁입찰(대출희망자 선택)에 따라 결정되며, 채무불이행 시 플랫폼 사업자가 담보수수료 지급청구권을 매입하여 추심하거나 투자자 본인이 직접 추심한다.

■ 경영 실적

(1) 2015년 기준 P2P 대출중개 업체들은 아직 사업 초기 단계로서 규모가 작고, 수익성도 저조한 상황이다.

---

14) 2016년 1인 투자 금액을 개정하였다.

국내 P2P 대출중개업체의 경영실적 (2015년 상반기)

(단위 : 건, 백만원)

업체명	대출건수	대출잔액	자산	자본금	이익
머니옥션	839	4.172	2.279	2.971	−12
팝펀딩	1.939	1.070	1.023	75	−27
펀딩트리	N/A	N/A	N/A	N/A	N/A
키핑펀드	N/A	N/A	N/A	N/A	N/A
8퍼센트	49	1.053	1.752	13	N/A
테라펀딩	6	870	10	10	N/A
렌딧	27	704	1	1	−1
펀다	13	154	200	200	N/A
돕자클럽	21	91	6	1	N/A
어니스트펀드	6	51	54	1	N/A

자료: 금융감독원

(2) 국내 P2P 대출 서비스 경영 실적(회원사 56업체 기준)

2017년 기준 P2P 대출중개 업체 수도 늘어나고 누적취급액이 2016년 기준일 대비 급성장하고 있다.

2017년 6월 30일 서비스 종료 기준

(단위 : 원)

기준일	누적 취급액
2016년 6월 24일	152,551,664,000원
2016년 7월 29일	190,351,900,000원
2016년 8월 29일	226,630,548,000원
2016년 9월 30일	291,823,842,412원
2016년 10월 31일	339,427,562,412원
2016년 11월 30일	396,718,276,246원

2016년 12월 31일	468,250,306,246원
2017년 1월 31일	527,521,236,246원
2017년 2월 28일	627,581,971,497원
2017년 3월 31일	734,443,201,497원
2017년 4월 30일	868,041,761,497원
2017년 5월 31일	990,150,689,718원
2017년 6월 30일	1,163,000,347,610원

자료: 한국P2P금융협회

(3) 2017년 6월 30일 기준 누적대출액이 11,630억 원이며 평균 대출 금리
는 14.36%이다.

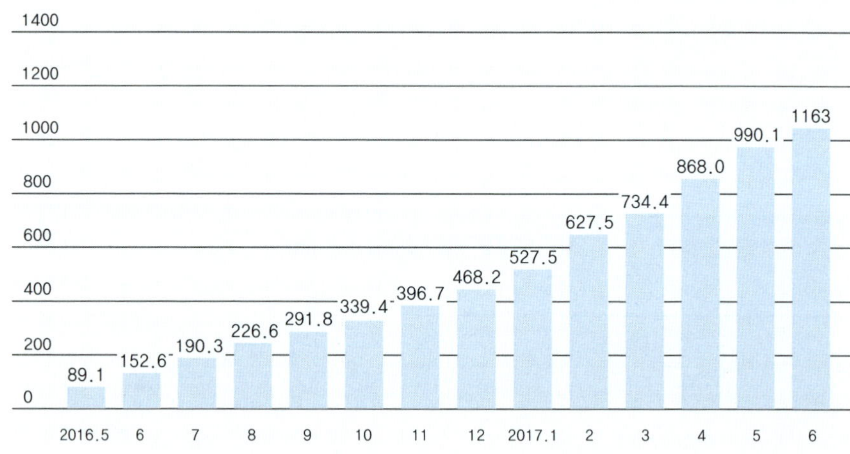

자료: 한국P2P금융협회

누적대출액(십억원)

■ 국내 P2P 서비스업체 대출 현황

국내 플랫폼업체 누적대출 대비 성장업체는 2014년과 2015년 플랫폼 영업을 시작한 업체 비중이 높다.

2017년 6월 30일 서비스 종료 기준

(단위 : 원)

번호	서비스 명	플랫폼 시작 월	누적대출액
1	테라펀딩	2014년 12월	147,513,000,000
2	루프펀딩	2016년 1월	114,250,000,000
3	피플펀드	2016년 4월	78,291,100,000
4	8퍼센트	2014년 12월	76,073,450,000
5	빌리	2015년 7월	75,211,260,000
6	투게더앱스	2015년 9월	67,951,500,000
7	펀듀	2015년 11월	61,774,750,000
8	코리아펀딩	2015년 11월	61,191,330,000
9	팝펀딩	2007년 5월	56,028,653,000
10	렌딧	2015년 5월	52,232,547,304

자료: 한국P2P금융협회

2. 성장 배경

핀테크 열풍으로 P2P 대출, 모바일 결제, 인터넷 은행 등 IT기술과 금융 서비스가 결합한 다양한 'IT+금융' 서비스가 등장하면서 사회적 관심이 높아지고, 정부의 핀테크산업 활성화 정책으로 인해 핀테크의 한 분야인 P2P 대출에도 긍정적인 영향을 주었다.

■ **정부는 2015년 24개 핵심 개혁과제 중 하나로 '핀테크 육성'을 선정**

(1) 금융위원회는 핀테크지원센터를 구축(2015년 3월 30일)하고 핀테크 산업 성장을 위해 핀테크 지원협의체를 구성·출범(2015년 4월 14일)하였다.

(2) 중소기업청은 P2P 대출업에 대해 벤처캐피탈 투자를 허용하기로 하고 관련 규정을 개정[15]하였다.

■ **대표적 운영모델**

현재 국내 P2P 대출 규제상 투자자 대출자 간 직접대출 형태(영국 고객 구분계좌 모델)는 불가능하기 때문에 대부분의 P2P 대출 사업자는 플랫폼 사업자 이외 별도로 여신회사와 제휴하거나 여신회사를 별도로 등록하여 간접대출 형태로 서비스를 제공하고 있다.

(1) 원리금수취권매매형

P2P 대출 플랫폼 사업자가 중개한 대출건에 대해 별도로 등록 또는 제휴한 대부회사를 통해 대출자에게 대출을 제공하고, 해당 대출계약으로 발생하는 대출자로부터 원금과 이자를 받을 권리(원리금수취권)를 투자자에게 매도하는 방식[16]이다.

(2) 금융기관 제휴형

P2P 대출 사업자가 모집한 투자자 자금을 재원으로 제휴된 금융기관을

---

15) 중소기업청은 핀테크 산업의 한 분야인 온라인 P2P 대출업에 대한 벤처캐피탈의 투자를 허용(▲ 플랫폼 사업자가 실질적인 사업 운영자이고 ▲ 벤처캐피탈 투자금은 대출용도로 활용 금지)하기로 하고 '창업투자회사 등의 등록 및 관리 규정' 개정을 추진함(2015년 12월 3일).

16) 대표업체 : 8퍼센트, 테라펀딩, 렌딧, 빌리, 어니스트펀드 등 거의 모든 P2P 대출업체가 원리금수취권 매매형 모델로 운영되고 있다.

통해 예금을 가입하고 이를 담보로 금융기관이 대출자에게 대출을 제공(제3자 담보제공 대출)하는 형태로 서비스를 제공[17]하고 있다.

2017년 6월 30일 서비스 종료 기준

업체명	면허	영업형태
머니옥션	전자상거래업, 통신판매업	대부업 자회사 연계
팝펀딩	통신판매업자	저축은행 연계
펀딩트리	통신판매업자	대부업 자회사 연계
키핑펀드	통신판매업자	대부업 자회사 연계
8퍼센트	전자상거래업	대부업 자회사 연계
테라펀딩	온라인정보제공업, 전자상거래법	대부업 자회사 연계
렌딧	소프트웨어 개발 및 공급업	대부업 자회사 연계
펀다	통신판매업자	대부업 자회사 연계
돕자클럽	통신판매업자	대부업 자회사 연계
어니스트펀드	통신판매업자	대부업 자회사 연계

자료: 금융감독원

3. 국내 P2P 대출 시장의 동향

중금리(5~15%) 대출 시장을 겨냥한 금융 서비스를 제공하고 있다.

1. 국내 중금리 시장이 활성화되어 있지 않아 중·저 신용자들이 20%대 후반의 고금리 시장을 찾을 수밖에 없는 상황에서 이를 겨냥한 마케팅 및

---

17) 대표업체 : 피플펀드, 팝펀딩 등 소수 업체가 금융기관 제휴형 모델로 운영되고 있다.

상품을 제공[18]하고 있다.

2. 대출한도 부족 등의 이유로 제2금융권의 고금리 대출을 사용하는 고신용자(1~3등급)를 대상으로도 서비스를 제공하고 있다.

신용등급별 가계신용대출 평균 금리 및 금리구간별 잔액 분포

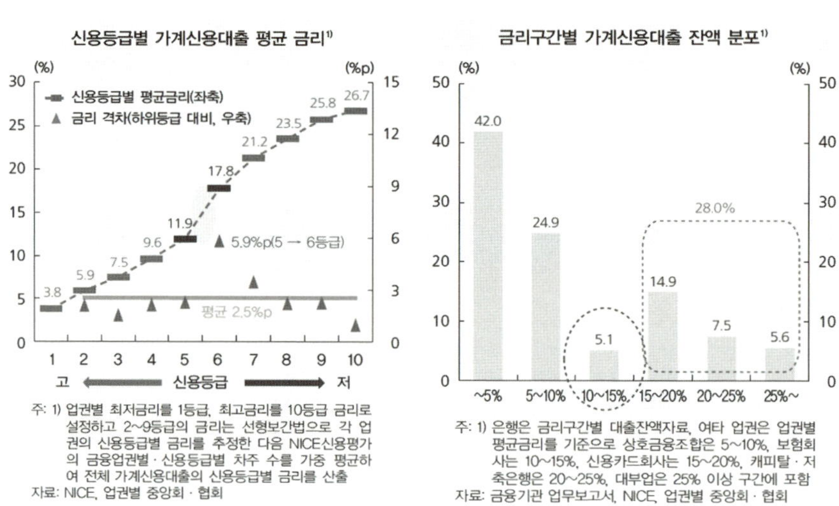

금융업권별 신용대출 평균 금리 (2016년 3월 3일 이전)

구분	은행	카드론	캐피탈	현금서비스	저축은행	대부업
평균금리	4.7%	13.5%	19.9%	20.4%	22.5%	32.3%

자료: 금융감독원 금융상품통합비교공시, 여신금융협회, 한국대부금융협회

18) 가계신용대출 평균금리는 5% 미만이 42.0%(잔액기준, 73.9조원), 5~10%는 24.9%(43.8조원), 15% 이상은 28.0%(49.3조원)인 데 반해 중금리 구간인 10~15%는 5.1%(9.1조원)에 불과(2015 금융안정보고서).

은행 외 고신용자(1~3등급) 신용대출 평균금리 (2016년)

구분	은행	카드론	캐피탈	저축은행
평균금리	10.6%	15.3%	15.4%	18.5%

자료: 금융감독원 금융상품통합비교공시, 여신금융협회, 한국대부금융협회

3. 저금리 기조가 계속되는 가운데 '중위험, 중수익' 서비스를 제공하여 투자자의 호응을 얻고 있다.

은행 외 고신용자(1~3등급) 신용대출 평균금리 (2016년)

구분	시중은행	저축은행	ELS	P2P 대출
수익률	1.4%[19]	2.0%[20]	5.5%[21]	9.5% [22]
세율	15.4%	15.4%	15.4%	27.5%
실질수익률	1.2%	1.7%	4.7%	6.9%
예금자보호	대상	대상	대상 아님	대상 아님
위험수준	무위험	무위험	중·저위험	중위험

자료: 한국소비자원, 온라인 P2P대출 서비스 실태조사, 2016.6.

4. P2P 대출 산업의 투명성과 고객 신뢰도를 높이고 있다. 한국P2P금융 플랫폼협회가 발족(2015년 10월 1일)하여 활동을 개시하였다.

---

19) 금융감독원 금융상품통합비교공시 정기예금(1년) 이자율 평균(2016.6.16. 공시 기준)
20) 금융감독원 금융상품통합비교공시 정기예금(1년) 이자율 평균(2016.6.16. 공시 기준)
21) ELS리서치 제공 ELS상품 제시수익률 평균(2016.6.16. 공시 기준)
22) P2P 대출 업체 8퍼센트 평균수익률(2016.6.16. 공시 기준)

⑴ 협회의 최초 회원 자격 요건은 ▲ 창립총회 발기인 ▲ 누적 대출액 10억 원 이상 ▲ 부실채권 발생 또는 제반 리스크 전문 인력 보유 ▲ 대표자가 대부업을 포함한 금융 관련 범죄로 벌금형 이상의 형을 선고받지 않은 경우(필수) ▲ 회사 설립 후 투자를 유치한 경우 중 3개 이상을 충족.

⑵ 투자자 보호를 위한 안전장치를 마련하고 있다.

– 일부 플랫폼 회사는 투자 원금의 최대 50%까지 보호되는 '안심펀드'를 통해 투자자 손실을 보전하고 있다.

– 일부 플랫폼 회사는 매입보증제도를 통해 채권매입전문회사와 '부실이 발생하면 매입한다'는 매입보증 확약을 체결하여 투자자 손실을 보전하고 있다.

5. 서비스 특성화를 통해 경쟁력을 높이고 있다.

⑴ 코리아펀딩(장외주식담보), 펀듀(홈쇼핑 판매기업), 펀다(지역상점)는 특정 대출 대상을 타깃으로 서비스를 제공한다.

⑵ 8퍼센트는 투자자가 설정한 기간과 투자금으로 자동 투자하는 서비스를 제공한다.

6. 업체 이미지 및 리스크 관리를 위해 대출심사 및 보안시스템을 강화하고 있다.

4. 국내 P2P 대출 규제 현황

자본시장법 개정으로 2016년 1월 25일 투자형 크라우드펀딩인 온라인 소액투자중개업은 도입되었으나, 대출형 크라우드펀딩인 P2P 대출업과 관련해서는 아직 명확한 근거법이 마련되지 않고 있다.

■ 현행 법 규제

현행 법규제상 P2P 대출업은「대부업 등의 등록 및 금융이용자보호에 관한 법률」,「유사수신행위의 규제에 관한 법률」등의 적용을 받고 있다.

■ 대부업법

「대부업법」은 대부업자와 대부중개업자를 규정하고 있는 법률로, P2P 대출 사업자의 자금모집 및 대출행위를 대부행위로 간주하여 동 법률을 적용하고 있다.

(1) 따라서 대부분의 P2P 대출 사업자는 플랫폼 사업자 이외에 대부중개업자 및 대부업자로 등록하여 영업을 하고 있다.

(2)「대부업법」이 적용됨에 따라 대출자는 P2P 대출을 통해 대출을 받음에 있어 법률적인 보호를 받을 수 있다.

(3) 대출자에게 적용되는 주요 보호법률 내용은 다음과 같다.

- 대부계약서 작성 및 설명의무(「대부업법」 제6조)
- 대부업자는 대부계약 체결 시 대부업자 및 거래상대방의 명칭 또는 성명 및 주소 또는 소재, 계약일자, 대부금액, 최고이자율, 대부이자율, 변제기간 및 변제방법, 변제방법이 계좌이체 방식인 경우에는 변제를 받기 위한 대부업자 명의의 계좌번호, 해당 거래에 관한 모든 부대비용, 손해배상액 또는 강제집행에 관한 약정이 있는 경우에는 그 내용, 보증계약을 체결한 경우에는 그 내용, 채무의 조기상환 조건, 연체이자율 등이 적힌 대부계약서를 대출자에게 교부하고 해당 내용을 모두 설명해야 함.
- 중요 사항의 자필 기재 의무(「대부업법」 제6조의2)
- 대부업자는 대부계약을 체결하는 대출금액, 대출이자율, 변제기간에 대해 대출자가 자필로 기재하게 하여야 함.
- 과잉대부의 금지(「대부업법」 제7조)
- 대부업자는 대출자의 소득·재산·부채상황·신용 및 변제계획 등을 고려하여 객관적인 변제능력을 초과하는 대부계약을 체결하여서는 안 됨.
- 대부업자의 이자율 제한(「대부업법」 제8조)
- 대출이자율은 체결과 변제에 관한 부대비용을 포함하여 연 27.9%를 초과할 수 없음.

⑷ 유사수신법은 인·허가를 받지 않거나 등록·신고 등을 하지 않고 자금을 모집하는 행위를 금지하는 법률로, P2P 대출을 통한 자금모집 행위는 동 법률의 적용을 받는다.

⑸ 따라서 P2P 대출 사업자의 원금 또는 이자를 보장하는 행위는 불법행위로 간주될 수 있다.

- 「유사수신법」 제2조(정의)
  이 법에서 "유사수신행위"란 다른 법령에 따른 인가·허가를 받지 아니하거나 등록·신고 등을 하지 아니하고 불특정 다수인으로부터 자금을 조달하는 것을 업(業)으로 하는 행위로서 다음 각 호의 어느 하나에 해당하는 행위를 말한다.

1. 장래에 출자금의 전액 또는 이를 초과하는 금액을 지급할 것을 약정하고 출자
   금을 받는 행위
2. 장래에 원금의 전액 또는 이를 초과하는 금액을 지급할 것을 약정하고 예금 ·
   적금 · 부금 · 예탁금 등의 명목으로 금전을 받는 행위
3. 장래에 발행가액(發行價額) 또는 매출가액 이상으로 재매입(再買入)할 것을 약
   정하고 사채(社債)를 발행하거나 매출하는 행위
4. 장래의 경제적 손실을 금전이나 유가증권으로 보전(補塡)하여 줄 것을 약정하
   고 회비 등의 명목으로 금전을 받는 행위

■ 문제점

P2P 대출업의 특성을 고려하지 않고 대부업법 등 현행 법규제를 적용
함에 따라 문제점이 나타날 수 있다. P2P 대출 투자로 발생한 투자자들
의 이자소득은 비영업대금의 이익으로 간주되어 일반 예 · 적금보다 높은
27.5%(이자소득세 25% + 주민세 2.5%)의 원천징수세율이 적용된다.

* 일반 예 · 적금 이자소득 세율 : 15.4%(이자소득세 14% + 주민세 1.4%)

• 「소득세법」 제129조(원천징수세율)
① 원천징수의무자가 제127조제1항 각 호에 따른 소득을 지급하여 소득세를 원
   천징수할 때 적용하는 세율은 다음 각 호의 구분에 따른다.
1. 이자소득에 대해서는 다음에 규정하는 세율
나.비영업대금의 이익에 대해서는 100분의 25

5. 이슈 및 평가

■ 저금리 시대 투자처

P2P 금융대출 상품에 채권투자를 할 경우, 연평균 수익률은 월 1%가 넘는다. 다른 금융업계 투자 수익률보다 월등히 높다. 2016년 저축은행과 은행 적금 연평균 수익률은 각각 2.8%, 1.6%이다. 수익률 면에서 P2P 대출 투자 수익률과 큰 차이가 난다.

■ 대출 투자의 부작용

P2P 대출은 별도로 제정된 법률이 없어 대부업법 등의 적용을 받고 있다. 이에 대출자의 경우 어느 정도 보호를 받을 수 있지만, 투자자는 구체적인 보호방안이 없는 실정이다. P2P 대출을 악용한 불법적 자금모집 행위, P2P 대출 업체의 투자자금 횡령 및 부도 등에 따른 투자자 피해가 우려된다. 안전한 거래 환경 조성을 통해 P2P 대출 산업의 건전한 성장을 촉진시켜야 한다.

■ 대출 가이드라인 도입

금융감독원은 P2P 금융시장 급성장에 따른 소비자 투자자 피해를 막기 위해 2017년 5월 29일 개인의 투자한도 제한을 골자로 하는 'P2P 대출 가이드라인'을 도입하여 투자자보호와 P2P 업체의 투자자금 횡령의 보호책을 도입하였다.

(1) 미등록 대부업자 자금중개 문제

P2P 대출에 참여하는 투자자는 대출을 반복적으로 취급하는 미등록 대부업자이며, 이들의 자금을 중개하는 플랫폼 사업자는 대부업법 위반이라는 의견 제기이다.

- 법적으로 대부업 자회사가 대출을 취급하고 투자자는 대부업 자회사의 원리금 수취권을 매입하는 것이기 때문에 미등록 대부업자가 아닌 것으로 평가된다.

- 영리를 목적으로 동종의 행위를 반복하는 것은 대부업에 해당(대법원 판결 2008도7277, 93다54842 등)

- 대부업자로 등록하지 않고 대부업을 영위하면 5년 이하 징역 및 5천만 원 이하 벌금(「대부업등의 등록 및 금융이용자 보호에 관한 법률」 제19조)

- 미등록 대부업자의 자금을 중개하는 대부업자는 3년 이하 징역 및 3천만 원 이하 벌금(「대부업등의 등록 및 금융이용자 보호에 관한 법률」 제19조)

[「대부업등의 등록 및 금융이용자 보호에 관한 법률」 제2조]
제2조(정의) 1. "대부업"이란 금전의 대부(어음할인 · 양도담보, 그 밖에 이와 비슷한 방법을 통한 금전의 교부를 포함한다. 이하 "대부"라 한다)를 업(業)으로 하거나 다음 각 목의 어느 하나에 해당하는 자로부터 대부계약에 따른 채권을 양도받아 이를 추심(이하 "대부채권매입추심"이라 한다)하는 것을 업으로 하는 것을 말한다. 다만, 대부의 성격 등을 고려하여 대통령령으로 정하는 경우는 제외한다.
가. 제3조에 따라 대부업의 등록을 한 자(이하 "대부업자"라 한다)
나. 여신금융기관
2. "대부중개업"이란 대부중개를 업으로 하는 것을 말한다.
3. "대부중개업자"란 제3조에 따라 대부중개업의 등록을 한 자를 말한다.
4. "여신금융기관"이란 대통령령으로 정하는 법령에 따라 인가 또는 허가 등을 받아 대부업을 하는 금융기관을 말한다.
5. "대주주"란 다음 각 목의 어느 하나에 해당하는 주주를 말한다.

가. 최대주주: 대부업자 또는 대부중개업자(이하 "대부업자등"이라 한다)의 의결권 있는 발행주식 총수 또는 출자지분을 기준으로 본인 및 그와 대통령령으로 정하는 특수한 관계에 있는 자(이하 "특수관계인"이라 한다)가 누구의 명의로 하든지 자기의 계산으로 소유하는 주식 또는 출자지분을 합하여 그 수가 가장 많은 경우의 그 본인
나. 주요주주: 다음의 어느 하나에 해당하는 자
1) 누구의 명의로 하든지 자기의 계산으로 대부업자등의 의결권 있는 발행주식 총수 또는 출자지분의 100분의 10 이상의 주식 또는 출자지분을 소유하는 자
2) 임원의 임면 등의 방법으로 대부업자등의 주요 경영사항에 대하여 사실상의 영향력을 행사하는 주주 또는 출자자로서 대통령령으로 정하는 자
6. "자기자본"이란 납입자본금·자본잉여금 및 이익잉여금 등의 합계액으로서 대통령령으로 정하는 금액을 말한다.

(2) 차입자로부터 금품수수 문제

대부중개업자는 차입자로부터 금품을 수수할 수 없으므로 P2P 대출 중개업체의 수수료 수취는 대부업 위반이라는 문제이다.

– 차입자가 지불하는 수수료는 대부업체가 아닌 플랫폼 사업자가 정보 이용료 명목으로 받는 것이기 때문에 대부업법이 적용되지 않는 것으로 평가된다.

– 플랫폼 회사와 대부업 자회사가 별개의 회사인지에 대해서는 논란의 여지가 있다.

– 대부중개업자는 차입자로부터 중개의 대가 수취금지[「대부업등의 등록 및 금융이용자 보호에 관한 법률」 제11조의2]

– 차입자로부터 금품을 수취하는 대부중개업자는 3년 이하 징역 및 3천만 원 이하 벌금[「대부업등의 등록 및 금융이용자 보호에 관한 법률」 제19조]

■ **개선 방안**

(1) 대출서비스 관련 정보 제공 강화를 위한 업체의 자율개선 노력이 필요하다.

　- 비대면으로 대출계약 체결 시 계약서 작성방법 표준안을 제정하여 이를 준수

　- 비대면 계약서 작성(안) : 온라인상으로 대출약정서를 작성하고 대출자의 동의를 얻어 해당 약정사항(대출금액, 대출금리, 대출기간, 수수료 등)에 대해 대출자에게 설명하고 이를 녹취

<참고>
※「대부업법」제6조의2(중요 사항의 자필 기재)
③ 대부계약 또는 이와 관련된 보증계약을 체결할 때 다음 각 호의 어느 하나에 해당하는 경우에는 대부업자는 제1항 각 호의 사항 또는 제2항 각 호의 사항을 거래상대방 또는 보증인이 자필로 기재하게 한 것으로 본다.
2. 그 밖에 거래 상대방 또는 보증인이 본인인지 여부 및 제1항 각호의 사항 또는 제2항 각호의 사항에 대한 거래 상대방 또는 보증인의 동의 의사를 음성 녹음 등 대통령령으로 정하는 방법으로 확인하는 경우
• 대출자도 웹사이트에서 대출 상환내역, 원리금 계산내역, 대출이자율, 적용 연체이자율 등의 정보를 확인할 수 있도록 조치
• 미국의 렌딩 클럽을 벤치마킹하여 별도로 수수료 및 대출금리에 대한 정보 공시실을 운영

(2) 렌딩클럽의 경우 '금리 및 수수료' 사항을 별도 콘텐츠로 만들어 공시한다.

　- 신용등급별 대출금리를 제시하여 대출자가 적정한 금리가 적용된 것인지 확인이 가능함

　- 대출수수료를 명확하게 제시하여 대출자가 사전에 대출비용을 감안하

여 대출계획을 세울 수 있음

- 적용 예시를 제공하여 대출자가 쉽게 수수료 및 금리 구조를 이해할 수 있도록 함

-대출자가 연체 또는 채무불이행 시 이에 대한 손해를 P2P 대출 사업자가 아닌 투자자가 부담하기 때문에 채권추심 등을 소홀히 할 여지가 있음

(3) P2P 대출업체의 폐업 시 서비스 제공 중단으로 인한 투자자 피해가 발생할 가능성이 있다.

- 현재 P2P 대출 사업자 수가 급증하여 향후 구조조정이 불가피할 것으로 예상됨

- P2P 대출 업체의 폐업 시 대출자의 상환의지를 감소시킬 수 있음

6. P2P 대출 이용자 주의사항

■ 공통

(1) P2P 대출 플랫폼 웹사이트에 사업자 정보(대부업자 등)가 표시되어 있는지 확인하고 관할지자체에 실제 등록 여부를 확인한다.

(2) 플랫폼마다 취급상품, 신용평가 방법, 이용자 보호정책 등이 다르므로 서로 비교해 보고 자신에게 맞는 플랫폼을 선택한다.

■ 투자자

(1) P2P 대출에 대한 투자는 예금 · 적금과 달리 주식, 채권, 펀드 등의

투자 상품처럼 원금손실 위험이 수반된다는 사실을 감안하여 투자해야한다.

(2) 투자하기 전 플랫폼이 제공하는 대출자에 대한 세부정보(대출자 신용등급, 부채현황, 대출목적, 직업, 소득수준, 담보물, 연체기록 등) 및 투자 설명서 등을 반드시 확인한다.

(3) 수익률이 높다는 것은 그만큼 투자위험이 높다는 것을 의미하므로 수익률이 높다고 해서 무조건 한곳에 집중하여 투자하기보다는 가능한 여러 개의 대출채권에 소액으로 분산해서 투자한다.

(4) 투자된 자금은 중도회수가 불가능한 경우가 대부분이므로 자신의 재무상태 및 투자 기간 등을 고려하여 투자가 가능한 자금만 투자한다.

(5) P2P 대출 투자소득은 일반 예·적금보다 높은 이자소득세(27.5%)가 적용되고, 투자자 수수료도 발생하는 경우가 있다는 점을 감안해서 투자한다.

(6) '안전하다', '높은 수익을 보장한다', '원금이 보장된다'는 문구에 현혹되지 말고 자신의 위험 성향에 맞는 상품을 선택하여 투자한다.

■ 대출자

(1) 대출취급 수수료 등의 비용이 발생할 수 있으므로 사전에 수수료에 대해 업체에 문의하고 이를 감안하여 대출계획을 세운다.

(2) 대출계약 내용을 반드시 숙지하고 계약서 등의 사본은 잘 보관해 둔다.

(3) 연체금리가 높은 경우가 많고, 연체 시 신용도가 급격하게 하락할 수 있으므로 대출연체가 되지 않도록 주의한다.

(3)

P2P 대출 가이드라인
제정 방안

P2P 대출 시장이 급속한 성장 추세[23]를 보임에 따라 투자자 보호 등을 위한 P2P 대출의 규율 체계 필요성이 제기되었다. 또한 외국의 피해 사례처럼 제도적 규제와 관리감독의 필요성을 가지고, 2017년 5월 29일부터 P2P 대출 가이드라인이 도입되어 투자금액과 투자운영방식에 적용된다.

1. 검토 배경

P2P 대출 시장이 급속한 성장 추세를 보임에 따라, 투자자 보호 등을 위한 P2P 대출의 규율 체계 필요성이 제기되어 제정되었다.

1. 해외 P2P 대출 시장의 경우, 급속한 성장 과정에서 부정대출 및 업체의 횡령 등 금융사고[24]가 발생(미국, 중국)

– '5차 금융개혁위원회'(2016. 7. 1.)에서 P2P 대출 규율방안에 대해 논의하고, 'P2P 대출 가이드라인' 제정 결정(금융위 · 금감원 마련)

---

23) 대출잔액(억 원) : ('15.12)235 ·('16.3)724→('16.6)1,129→('16.9)2,087
24) (美) 'Lending Club'은 '16.5월 2,200만 달러 규모의 부정대출을 중개, (中) 'e쭈바오'는 '15.12월 허위 정보로 500억 위안의 자금을 모집하여 유용

① 현행 유지 ② 크라우드펀딩에 포섭 ③ 별도 법률 제정 ④ 가이드라인 제정

2. 現 시장상황을 감안하여 유연한 규율체계인 가이드라인으로 '투자자 보호'와'핀테크의 성장'이라는 정책 목표를 조화

(1) 최근 머니옥션 사례[25] 등으로 인해 국회·언론 등에서 지속적으로 제기되고 있는 (개인)투자자 보호 강화 요구를 반영

– '투자한도 설정', '고객 투자금의 분리관리' 등을 통해 투자자 보호를 강화하되, 기타 규제는 최소화하는 방향으로 검토

(2) 아울러, 가이드라인이 시장에서 준수될 수 있도록, 금감원의 검사·감독 등을 통한 이행력 확보 방안 마련도 필요

– 대부분의 P2P 업체(플랫폼)은 현재 전자상거래법에 따라 '통신판매업'으로 신고하고 영업 중 → 금감원의 검사·감독 대상이 아님

– P2P 대출 가이드라인 제정을 위해 관련 전문가들로 TF를 구성(TF팀장: 금융위 사무처장)하고 다각적인 논의 진행(2016. 7. 22.~10. 27.)

2. P2P 대출 시장 현황

※ '한국P2P금융협회'에 가입한 29개사 중 자료를 제출한 27개사 기준

■ 대출잔액

(1) 2016.9월 말 기준으로 대출잔액은 2,087억 원이며, 2016년 6월 말

---

25) 전산서버 문제 등으로 투자자에 대한 투자금 지급 지연

(1,129억 원) 대비 84.9% 증가

(2) 대출 유형별로는 법인·사업자 담보대출이 940억 원으로, 대출잔액에서 가장 높은 비중(45%)을 차지

– 개인신용대출 375억 원, 개인담보대출 499억 원, 법인·사업자신용대출 273억 원

(3) 최근 법인을 대상으로 하는 부동산 관련 대출(소규모 주택건설자금 등) 증가 때문으로 보이며, 한편 개인 신용대출 비중은 감소

■ 투자 측면

(1) 2016년 9월 말 기준으로 투자자 수는 135,747명이며, 2016년 6월 말(37,490명) 대비 262% 증가

(2) 건당 투자액은 1.5백만 원으로, 2016년 6월(3백만 원) 대비 50% 감소

(3) 급격한 투자자 증가 및 건당 투자액 감소는 2016.8월 협회에 신규 가입한 '팝펀딩'(투자자: 66,488명, 건당 투자액 : 0.2백만 원에 기인

(4) 팝펀딩 제외 시 투자자 수는 69,259명(2016년 6월 말 대비 84.7% 증가)이며, 건당 투자액은 2.9백만 원 수준(2016년 6월 말과 유사)

■ 차입 측면

(1) 2016년 9월 말 기준으로 차입자 수는 4,891명이며, 2016년 6월 말(3,270명) 대비 49.6% 증가

⑵ 건당 대출금액은 42.7백만 원으로, 법인·사업자 담보대출비중이 높아지면서 2016년 6월 말(34.5백만 원) 대비 23.8% 증가

■ 연체율

⑴ 1.3%(27.6억 원)로 2016년 6월 말(0.5%)과 비교 시 증가 추세

⑵ 대출채권의 만기가 본격적으로 도래하기 시작하였으며, 특정업체의 매출담보대출에서 연체가 발생한 것이 주된 이유

⑶ 특정 P2P 업체의 매출담보대출에서 8.7억 원의 연체(1개 업체) 발생

■ 평균 차입금리

⑴ 업체마다 차이가 있으나, 일반적으로 11~15% 수준으로 차입금리가 형성되어 있는 상황

⑵ 대출 유형(개인vs법인, 신용vs담보 등)에 따라 차입금리 차이 발생

⑶ 대출 기간은 대략 1년(12개월)이며, 6개월~36개월 사이에 분포

■ 평균 수익률

업체마다 차이가 있으나, 차입금리(대출이자율)와 유사한 10~13% 수준에서 형성

P2P 대출 시장 현황

(단위 : 억 원, 명, %)

구분		'15년 말	'16.6월	'16.9월	'16.6월 말 대비	
					증감	증감률
대출잔액	개인신용대출	115	314	375	62	19.4
	개인담보대출	47	188	499	311	165.4
	법인·사업자 신용대출	49	157	273	166	73.9
	법인·사업자 담보대출	25	471	940	469	99.6
	합계	235	1,129	2,087	958	84.9
누적 대출액		335	1,645	2,940	1,295	78.7
투자자 수		8,334	37,490	135,747	98,257	262.1
건당 투자액(백만 원)		2.8	3.0	1.5	(1.5)	(50.0)
차입자 수		1,031	3,270	4,891	1,621	49.6
건당 대출액(백만 원)		22.9	34.5	42.7	8.2	23.8
연체율		0.1%	0.5%	1.3%	–	–

자료: 금융위원회,P2P 대출 가이드라인 제정방안, 2016.11.

❖ 참고 P2P 대출 구조

가. 원리금수취권매입형(대부업체 연계)

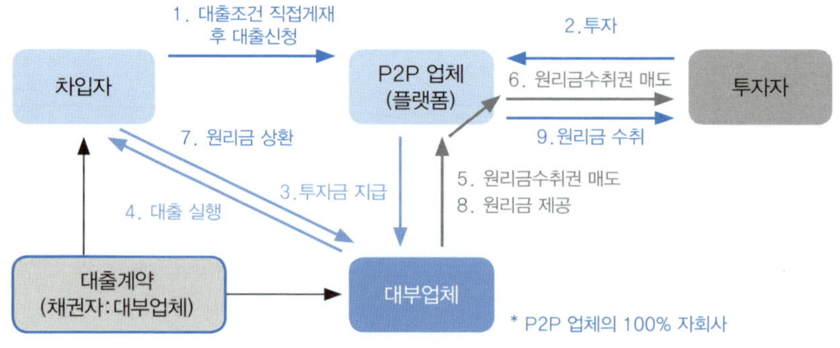

나. 현금담보제공형(은행 · 저축은행 연계)

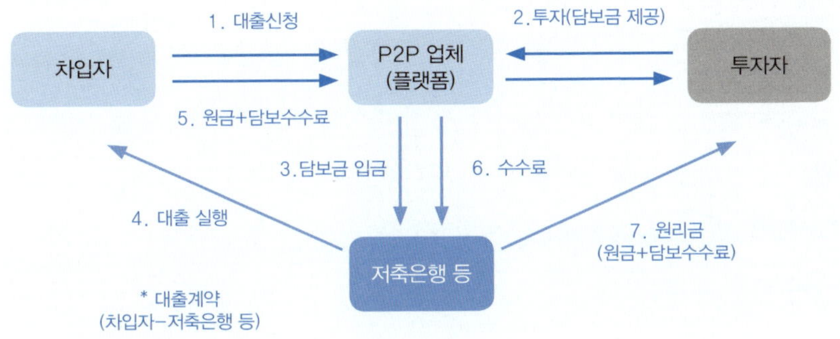

자료: 금융위원회, P2P 대출 가이드라인 제정방안, 2016.11.

3. 가이드라인 제정 방안

1. 가이드라인은 P2P 업체의 창의 · 혁신을 저해하지 않는 범위 내에서 투자자 보호 등을 위한 필수사항 중심으로 마련

(1) 투자 한도 설정, 고객자금 분리 보관 등을 통해 투자자 보호를 강화하되, P2P 업체(플랫폼)에 대한 과도한 규제는 최소화

(2) 투자자의 경우, 투자전문성 및 위험감수 능력 등 보호 필요 수준에 따라 차등적인 보호체계[26]를 마련

(3) P2P 업체(플랫폼)는 투자자와 차입자의 투자 · 차입 결정을 위해 필요한 충분한 정보를 제공하고 주요 사항은 플랫폼에 공시

(4) 그 밖에 영업 또는 광고 시 중립적 중개업체로서 준수해야 할 사항 등을 규정

---

26) 투자한도 금액 설정시, ①일반 개인, ②일정 소득요건을 구비한 개인, ③전문투자자(개인) · 법인 등으로 구분하여 설정

2. P2P 업체(플랫폼)가 가이드라인을 지키지 않을 경우, 연계 금융회사(대부업체, 은행 등)를 통해 준수를 유도

(1) 감독당국은 연계 금융회사를 통해 가이드라인 준수 여부를 확인하고, 필요시 연계 금융회사에게 시정명령 등 조치
(2) 연계 금융회사에 대한 검사 · 감독을 위해 관계 법령(대부업법 시행령 등) 개정 등을 추진

4. 가이드라인 주요 내용

■ 투자한도

(1) 현황
P2P 업체 중 투자한도를 설정[27]한 업체도 있지만, 다수의 업체는 별도 투자한도가 없는 상황(한국P2P금융협회 가입업체 기준)
(2) 규율방안
투자자들이 과도한 금액을 투자하고 상당한 손실을 입는 경우를 사전에 방지하기 위해 연간 1개 P2P 업체를 기준[28]으로 동일 차입자 및 총 누적 금액 한도를 설정
→ 투자한도는 크라우드펀딩 체계를 따르되, 스타트업 주식투자와 대출

---

27) 업체별 차이가 있으나 대략 5~50%까지 1인 투자한도를 설정 · 운영
28) P2P 대출은 크라우드펀딩과 같은 별도의 중앙기록관리기관(한국예탁결제원)이 없으므로 업체별 관리로 한정

의 리스크 차이, 현행 투자수준 등을 감안하여 결정

① 개인투자자 : 동일 차입자에 대하여 5백만 원, 총 누적금액 1천만 원으로 제한
② 소득요건[29]을 구비한 개인투자자 : 동일 차입자에 대하여 2천만 원, 총 누적금액 4천만 원으로 설정
③ 법인투자자 및 전문투자자[30](개인) : 상당 수준의 리스크 관리 능력을 보유하는 점을 고려하여 별도의 투자한도 없음

■ 투자금의 분리 관리

(1) 현황

① 대다수의 P2P 업체는 거래은행 등에 P2P 업체 명의의 투자금 관리계좌를 별도로 개설하여 회사자금과 구분 관리
② 현행 방식은 P2P 업체 명의로 투자자의 투자금이 예치되어 있어 업체의 도산·횡령 등의 문제에 대해 투자금 보호 미흡

(2) 규율방안
투자자의 투자금 보호를 위해 P2P 업체의 자산과 고객자산을 명확히 분

---

29) ⅰ) 이자·배당소득 2천만 원 초과 또는 ⅱ) 사업·근로소득 1억 원 초과
30) ⅰ) 금융투자업자에 계좌를 개설한지 1년이 지나고, ⅱ) 금융투자상품 잔고가 5억 원 이상으로, ⅲ) 소득액 1억 원 또는 재산가액 10억 원 이상

리 · 관리하는 장치 마련

① P2P 업체가 투자금을 보관 및 예탁을 받을 수 없도록 규정
② 은행, 저축은행 등 공신력 있는 기관에 예치 · 신탁토록 하여, P2P 업체가 투자금을 인출하여 유용하는 행위를 사전에 차단
③ P2P 업체가 파산 등으로 영업을 지속할 수 없을 경우에는, 투자금을 투자자에게 우선하여 지급할 수 있도록 조치

■ 정보 공시

(1) 현황

① P2P 업체별로, 업체의 영업실적에 대한 기준 및 투자자 · 차입자에게 제공하는 정보의 내용 등이 상이
② P2P 업체, 투자위험, 차입자, 투자 수익률 등에 대한 정보를 충분히 인지하지 못한 상태에서 투자 의사결정을 할 경우 불완전 판매 등으로 인한 투자자 피해 우려

(2) 규율방안
투자 · 차입 판단에 필요한 최소한의 정보를 제공토록 규정하고, 제공 전 관련 사항 확인의무를 P2P 업체에 부과
▶ 한국P2P금융협회는 투자자에게 제공하는 정보에 대한 표준안 마련 및 P2P 업체 정보(대출잔액, 연체율 등)를 비교 공시할 예정

① 투자자 제공 정보

- 차입자 신용도, 자산·부채 현황, 소득·직장 정보, 연체기록, 대출 목적 및 상환계획 등을 제공

- 특히, 담보대출의 경우에는 별도의 한도를 설정하지 않되[31], 담보에 대한 정보공시(감정평가서·등기부등본 플랫폼 공시) 강화

- 아울러, P2P 업체의 누적 대출액, 대출잔액, 연체율 등을 플랫폼에 공시(매월)토록 하여 투자자의 업체 선정에 도움

② 차입자 제공 정보

- 차입자가 P2P 대출 이용 시, 부담하여야 할 전체금액(대출이자·수수료 등)의 내역을 명확히 제공

- 수수료 등을 명목으로 금리 상한규제의 우회 방지 가능

- 또한, 차입자에게 상환방식, 연체이자 및 추심절차 등에 대해서도 쉽게 이해할 수 있도록 정보 제공

■ 기타 준수사항

(1) 영업행위 준수사항

P2P 업체 및 연계 금융회사는 P2P 대출에 대해 투자자[32] 또는 차입자[33]로 참여하는 것을 금지

---

31) 정보공시를 통해 P2P 업체 자율적으로 선순위채권 등을 고려하여 담보물 회수 예상가액을 초과하지 않는 범위 내에서 취급하도록 유도

32) P2P 업체의 역할은 대출정보의 중개(리스크 부담 없음)이나, 투자에 직접 참여하여 일부 리스크를 부담하는 경우 중개업이라고 보기는 어려움

33) [사례] 본인 건물의 건축자금을 모집하기 위해 직접 P2P 업체를 설립

⑵ 광고 시 준수사항

유사수신 행위에 저촉되지 않도록 '원금보호', '확정수익' 등 투자자 등을 오인하게 할 소지가 있는 내용 금지

⑶ 타 법령과의 관계

P2P 대출에 적용되고 있는 현행 법률은 가이드라인에 별도로 규정하지 않았으나 준수하며 영업해야 함

▶ 「개인정보보호법」(개인정보의 수집·처리 등), 「대부업법」(계약서 교부 등), 「전자상거래법」(거래기록의 보존 등), 「신용정보법」(추심 등) 등

5. 가이드라인 실효성 확보 방안

■ P2P 연계 금융회사는 금감원 검사·감독 대상에 포함된다

⑴ P2P 업체(플랫폼)와 연계된 금융회사(대부업체, 은행·저축은행 등)가 자산관리자(대출실행, 원리금분배, 추심 등)의 입장에서 P2P 업체[34]의 가이드라인 준수 여부를 확인해야 한다.

① 연계 금융회사가 P2P 업체의 가이드라인 준수 여부를 확인할 수 있도록,
  - P2P 업체는 연계 금융회사에게 정기적으로 충분한 자료를 제공토록 가이드라인에서 의무 부과

---

34) 대부분의 P2P 업체(플랫폼)은 현재 전자상거래법에 따라 '통신판매업'으로 신고하고 영업 중 → 금감원의 검사·감독 대상이 아님

② 금감원은 연계 금융회사에 대한 검사 · 감독 등을 통해 P2P 업체의 가이드라인 준수 여부를 확인

(2) 연계 금융회사가 소규모 대부업체(지자체 등록 대상)인 경우 현행 법령상 금융당국의 검사 · 감독 권한이 없으므로,
– 자산 120억 원 & 대출잔액 50억 원 이상 등의 대부업체만 금융위 등록 대상
▶ '대부업법 시행령 개정'을 통해 P2P 업체(플랫폼)와 연계하는 대부업체를 '금융위 등록' 대상으로 규정(→금융당국의 감독 대상)
※ 연계 금융회사가 은행 · 저축은행인 경우 현재 금융당국의 검사 · 감독 가능

(3) 시행령 개정까지 지자체에 등록하는 연계 대부업체에 대해서는 지자체–금감원 간 협업(행정지도, 행자부 협의)을 통해 감독 강화
① 가이드라인 발표 시, 시행령 개정 전이라도 개정을 전제로 금감원의 지속적인 모니터링 및 행정지도 시행을 예고
– P2P 협회를 활용(내부신고)하여 가이드라인 미준수 및 불법영업 감독

■ **가이드라인 미준수 시 관리 방안**

(1) 은행 · 저축은행 연계형 : 금융회사의 부수 · 부대업무 제한

① 은행

- 은행은 P2P 업체(플랫폼)로부터 수탁받은 대출실행, 자금관리 등의 업무를 부수업무로 신고

- 부수업무 운영의 제한·시정(「은행법」 제27조2④) 또는 약관 심사(「은행법」 제52조) 등을 통해 제한

② 저축은행

- 플랫폼과 연계된 저축은행의 대출실행, 자금관리 업무는 금감원장 승인이 필요한 부대업무(「저축은행법」 제11조①)

※ P2P 플랫폼이 가이드라인을 위반하는 경우, 저축은행의 대출실행 등은 승인받은 부대업무가 아니므로 저축은행에게 업무범위 위반으로 제재(「저축은행법」 제24조①) 가능

(2) 대부업체 연계형 : 시정명령 부과

- 대부업법상 금감원의 업무검사(「대부업 등의 등록 및 금융이용자 보호에 관한 법률」 제12조⑦) 결과에 따라 금융위는 대부업자 등에게 시정명령 등 감독상 필요한 명령 부과 가능

- 만일 시정명령을 위반한 경우, 대부업체에 영업정지 명령 가능(「대부업 등의 등록 및 금융이용자 보호에 관한 법률」 제13조①)

- 대부업체 연계형의 경우 거의 모든 대부업체가 P2P 업체의 자회사(100%)이며, P2P 업체와 사실상 같은 공간에서 구분 없이 사업을 영위

- 대부업법상 총자산한도 규정 등을 활용하여 간접적으로 플랫폼의 가이드라인 준수를 유도(시행령 개정 필요)

- 가이드라인을 준수하는 플랫폼과 연계한 대부업체에 한해서 총자산한도(자기자본 10배) 규제를 완화할 계획

6. 향후 계획

■ 가이드라인 시행(행정지도 예고 후 시행)

행정지도 예고 등 절차를 거쳐 가능한 조속히 시행하되, 기존 P2P 업체들에게는 사업정비[35]를 위한 유예기간(3개월) 부여

■ 지자체 협조 요청(가이드라인 시행~시행령 개정 前)

시행령 개정 전까지 연계 대부업체 중 지자체 등록 대부업체도 가이드라인을 준수토록 지자체에 행정지도 요청(행자부 · 지자체 협업)

– 행자부 및 지자체와의 협업을 통해 지자체 등록 대부업체에 대해서도 금감원이 모니터링할 수 있는 체계를 구축

※ 2016년 3월 법정 최고금리 행정지도 시 금감원에서 지자체에 인력 지원 등을 실시

■ 대부업법 시행령 개정 추진(2016년 12월 중 입법예고 목표)

연계 대부업체의 금융위 등록, 총자산한도 규제 완화 등을 위해 대부업법 시행령 개정 추진

– 시행령 개정을 가능한 조속히 완료하여 연계 금융회사에 대한 금감원의 검사 · 감독 권한 근거 마련

---

35) 고객자산 분리 예치 방안 마련, 전산시스템 수정 등 준비기간 필요

■ P2P 업체 실태조사 실시(2016년 11월~12월 말)

한국P2P금융협회에 가입하지 않은 P2P 업체를 포함하여 P2P 대출 시장 전반(2016년 9월 기준 약 80개 추정)에 대해 실태조사 실시

- 현재까지는 시장에서 활발히 영업하고 있는 선도 업체들이 P2P 협회에 대부분 가입(29개)해 있어 시장파악을 위해 협회의 통계 및 자료를 활용

④

P2P 대출 시장 및 규제

전 세계 P2P 대출 시장규모는 2015년 1,317.3억$로 2013년(97.3억$)에 비해 13.5배 급증하였고, 최근 3년간 연평균 성장률은 267.9%에 달한다. 2015년 기준 아시아 태평양Asia-Pacific이 982.9억$로 가장 크고, 아메리카America 291.4억$, 유럽Europe 43.0억$ 순이다.

아시아 태평양 지역에서 시장규모가 가장 큰 국가는 중국(975.8억$)으로 전체 아시아 태평양 P2P 대출 시장의 99.3%를 차지하고 있으며, 아메리카 지역에서 시장규모가 가장 큰 나라는 미국(290.2억$)으로 전체 아메리카 P2P 대출 시장의 99.6%를 차지하고 있다. 그리고 유럽 지역에서 시장규모가 가장 큰 나라는 영국으로(35.3억$) 전체 유럽 P2P 대출 시장의 82.3%를 차지한다. 이번 장에서는 P2P 대출 시장 변화와 규제에 대해 살펴보기로 한다.

1. P2P 대출 시장 및 규제 현황

전 세계 P2P 대출 시장규모는 2015년 1,317.3억$로 2013년(97.3억$)에 비해 13.5배 급증하였고, 최근 3년간 연평균 성장률은 267.9%에 달한다.

■ **세계 지역별 시장규모**

2015년 기준 아시아 태평양(Asia-Pacific)이 982.9억$로 가장 크고, 아메리카(America) 291.4억$, 유럽(Europe) 43.0억$ 순이다.

⑴ 아시아 태평양 지역에서 시장규모가 가장 큰 국가는 중국(975.8억$)으로 전체 아시아 태평양 P2P 대출 시장의 99.3%를 차지하고 있다.

⑵ 아메리카 지역에서 시장규모가 가장 큰 나라는 미국(290.2억$)으로 전체 아메리카 P2P 대출 시장의 99.6%를 차지하고 있다.

⑶ 유럽 지역에서 시장규모가 가장 큰 나라는 영국(35.3억$)으로 전체 유럽P2P 대출 시장의 82.3%를 차지하고 있다.

P2P 대출 세계 시장규모 추이(2013년 ～ 2015년)

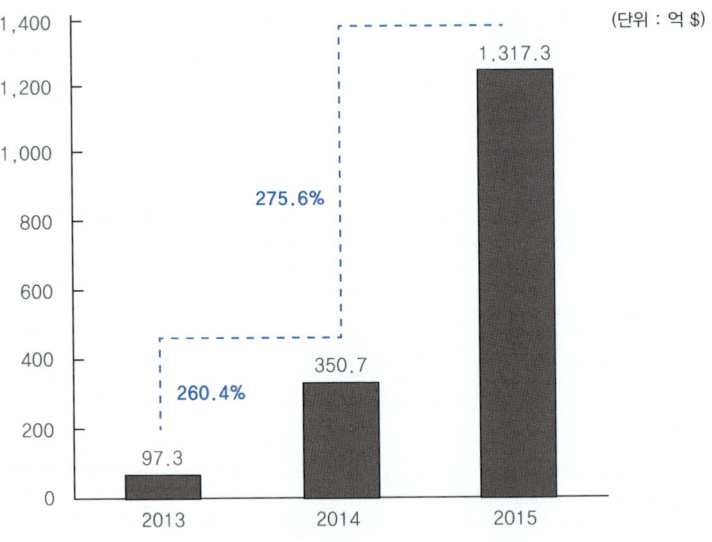

아시아 태평양 : The Asia-Pacific Finance Benchmarking Report(2016)
아메리카 : The America Alternative Finance Benchmarking Report(2016)
유럽 : The European Alternative Finance Benchmarking Report(2015) The 2015 UK Alternative Finance Industry Report(2016), Altfi.com
자료 : IOSCO [36]

■ P2P 대출 시장 점유율

2015년 기준 중국(74.1%), 미국(22.0%), 영국(2.7%) 3개의 국가가 98.8%를 점유하고 있고 나머지 국가의 비중은 미미하다.

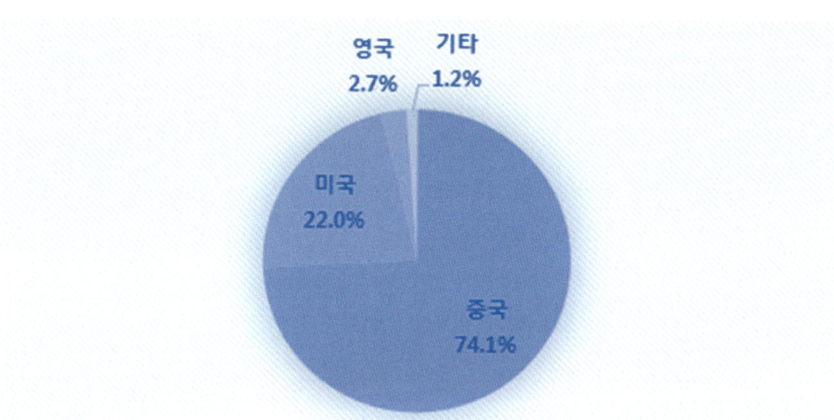

자료: 한국소비자원, 온라인 P2P대출 서비스 실태조사, 2016.6.

■ P2P 대출의 규제 유형

'미국형', '영국형', '중개형', '은행형', '비규제형', '금지형'으로 나눌 수 있다.

(1) P2P 대출을 가장 먼저 시작한 영국의 경우, 2014년부터 금융행위감독청(FCA)의 관리·감독하에 P2P 대출 산업을 규제하고 있다.

36) 국제증권관리위원회기구. 세계 유가 증권 감독자들을 한데 모으고 증권거래의 규제·감독에 관한 다국 간 국제협력문제를 검토하는 국제기구. 이 기구의 전신은 1974년 미국과 캐나다가 중남미 제국의 자본시장 육성을 위해 설립한 미주증권감독자협회이다. 1983년 설립되었으며, 회원국은 115개 이상이고 한국 증권감독원도 1983년 정회원으로 가입했다. 모두 8개 분과위원회로 나뉘어 있으며, 증권거래의 국제화에 수반되는 규제·감독상의 문제, 특히 내부자거래·증권사 자기자본 규제 문제를 다루고 있다. http://www.iosco.org

⑵ 미국의 경우, P2P 대출을 소비신용과 증권으로서 규제하고 있으며 증권거래위원회SEC와 금융소비자보호국CFPB의 관리감독 대상으로서 규제하고 있다.

⑶ 호주, 캐나다, 중국, 일본 등은 P2P 대출을 대출자와 투자자를 중개하는 기구로서 규제하고 있다.

⑷ 프랑스, 독일, 이탈리아 등은 P2P 대출을 은행과 동일한 금융기관으로서 규제하고 있다.

⑸ 우리나라를 비롯한 브라질, 이집트, 이스라엘 등은 아직 P2P 대출에 대한 명확한 규제가 없다.

국가별 P2P 대출 규제 체계 유형

국가	주요내용	적용국가
미국	−주정부 및 SEC의 관리감독 주정부에 등록하고 SEC에 증권신고서 제출 의무	미국
영국	−사업영위를 위해 FCA인가 및 관리감독 요구	영국
중개형규제	−P2P 대출 플랫폼을 중개업자(intermediary)로서 규제	호주, 캐나다, 뉴질랜드 등
은행형규제	−P2P 대출 플랫폼을 은행(bank)으로서 규제	프랑스, 독일, 이탈리아 등
비규제형	−P2P 대출에 대한 정의 부족 등으로 아직 관련규제 체계 마련이 미흡	중국, 한국, 브라질, 이집트 등
금지형	−P2P 대출 관련 사업영위를 금지	이스라엘 등

자료: IOSCO

주요 국가 P2P 대출 시장 및 규제 현황 (2015년 기준)

구분	미국	영국	중국
산업시작연도	2006년	2005년	2007년
시장규모	290.2억$	35.3억$	975.8억$
규제정립연도	2008년 11월[37]	2014년 4월[38]	2015년 12월[39]
주요감독기구	증권거래위원회(SEC), 금융소비자보호국 (CHPB)	금융행위감독청(FCA)	은행감독위원회 (CBRC)
관련규제	• 연방법 • 지역정부법	• 소비자 신용에 관한 규칙 • 인터넷에서의 소액 자금 조달에 관한 규제 지침	• 12개 금지행위 포함 별도 규제 초안 마련
규제성향	• 기존 법망 내에서 관련 법률을 모두 적용	• 산업특성을 고려한 규제화	• 산업자율 규제 중심 (규제최소화)

자료: 한국소비자원, 온라인 P2P대출 서비스 실태조사, 2016.6.

2. 미국 P2P 대출 시장 및 규제 현황

미국 P2P 대출 산업은 2006년 2월 프로스퍼가 최초로 시작해 9개월 만에 100,000명 모아 2,000만$의 대출기금을 마련하였고, 이어 2007년 5월 렌딩클럽이 등장하여 경쟁하면서 두 플랫폼[40]을 중심으로 산업이 성장했다.

37) 증권거래위원회의 프로스퍼 정지명령 발효일
38) 금융행위감독청 규제 적용일
39) 은행감독위원회 규제 초안 발표일
40) 렌딩클럽과 프로스퍼는 미국 시장의 98%를 점유하고 있음(The Economist, 2014.3.1.)

미국 P2P 대출 시장규모는 2013년 1.8억$, 2014년 87.4억$, 2015년 290.2억$로 3년간 연평균 성장률은 202.1%에 달한다.

미국 P2P 대출 시장규모 추이(2013년 ~ 2015년)

자료: 한국소비자원, 온라인 P2P대출 서비스 실태조사, 2016.6.

■ 성장 배경

미국에서는 P2P 대출의 증권화로 기관투자자가 P2P 대출에 투자하기 시작하면서 빠른 성장을 하였다.

(1) 대출의 증권화는 대출채권의 크기가 작고 유동성이 떨어져 투자하기 어려웠던 연기금이나 보험회사가 P2P 대출에 투자할 수 있도록 견인하였다.

(2) 신용기금을 이용하여 자산운용회사가 온라인 플랫폼을 통해 발행된 대출을 구매하거나 소유함[41]으로써 대출 재원을 제공하였다.

(3) 신용카드 대출금리보다 낮은 P2P 대출 금리[42]는 대중화의 가장 큰 이유이다.

■ 대표적 운영모델

'공증형 모델'은 P2P 대출 플랫폼이 대출을 공시하여 투자자를 모집하고, 대출모집 금액이 달성되면 P2P 대출 플랫폼과 협약을 맺은 은행이 대출을 실행하며, P2P 대출 플랫폼은 대출에 투자한 만큼 투자자에게 어음을 발행하고 대출자로부터 회수한 상환금을 지급한다.

미국 공증형 모델(Notary Model)

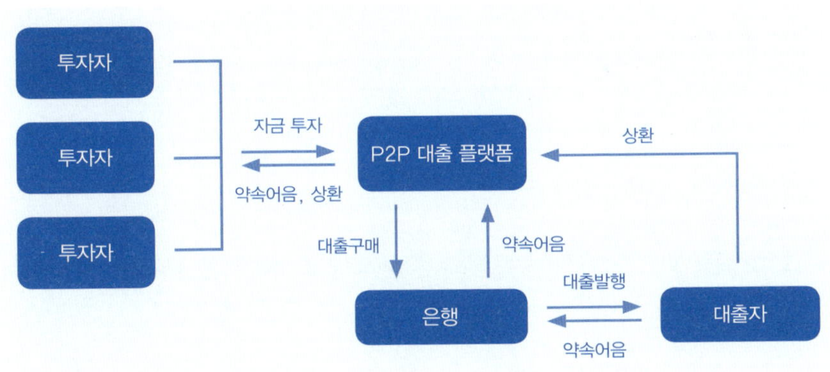

자료: 한국소비자원, 온라인 P2P대출 서비스 실태조사, 2016.6.

41) 최근 3년간(2013년 ~ 2015년) 기관투자자가 차지하는 투자 비중은 P2P 부동산대출 73.5%, P2P 기업 대출 72.4%, P2P 개인 대출 53.2%에 달함.(출처: The America Alternative Finance Benchmarking Report)

42) 미국 렌딩클럽 통계에 따르면 67.7%의 대출자가 현재 보유중인 대출이나 카드대출을 대환하기 위해 P2P 대출을 사용함.

■ **주요 플랫폼**

프로스퍼, 렌딩클럽, 온덱, 리얼티모굴이 대표적 플랫폼 회사이다.

(1) 프로스퍼는 미국 내 최초의 P2P 대출 플랫폼으로 대출자의 등급에 따라 수익률을 차등 적용하였다.

(2) 렌딩클럽은 2015년 구글, 알리바바와 제휴하여 대출상품을 출시했다.

(3) 온덱은 중소기업 전용 P2P 대출 플랫폼으로 일 단위, 주 단위 상환 방식을 제공하였다.

미국의 주요 P2P 대출 플랫폼

플랫폼	설립년도	대출대상	누적대출액	대출기간	대출한도
프로스퍼	2006	개인	49억$	36개월~60개월	2천$~35천$
렌딩클럽	2007	개인, 중소기업	111억$	36개월~60개월	1천$~40천$
온덱	2007	중소기업	30억$	3개월~36개월	5천$~500천$

자료: 한국소비자원, 온라인 P2P대출 서비스 실태조사, 2016.6.

■ **소비신용**Consumer Credit **거래와 증권거래에 적용되는 규제체계를 준수**

(1) 소비신용은 연방법Federal Law과 주법State Law을 모두 적용받는다.

(2) 광고 및 권유, 심사, 동의, 승인, 공시, 대출기간, 대출상환 등 모든 소비신용 사이클에 연방법과주법의 규제가 적용된다.

(3) P2P 대출에 적용되는 연방법

- 공정대부법Truth in Lending Act : 대출비용 계산방법, 대출조건 공시방

법, 대출계좌 문제점 해결방법 등을 통일되게 규정함.

– 신용기회균등법Equal Credit Opportunity Act : 대출신청자 차별금지, 신용평가 및 정보 수집을 위한 가이드라인 제정, 대출 거절 시 서면통지 등을 규정함.

– 공정신용보고법Fair Credit Reporting Act : 신용정보기관에 소비자 대출정보를 정확하게 제공하고, 명의도용 방지프로그램 유지 및 개발을 규정함.

– 금융현대화법Gramm-Leach-Bliley Act : 공시되지 않은 소비자 개인정보를 제3자에게 제공하는 것을 제한하고 소비자에게 정보공유 방법, 제3자에게 정보를 공유하는 것을 거부할 수 있는 권리Opt Out[43]를 안내하도록 함.

– 전자자금이체법Electronic Fund Transfer Act : 전자자금이체 시스템을 사용하는 데 있어 소비자를 보호하고, 전자자금이체거래 당사자들의 권리와 책임을 규정함.

– 자금세탁방지법Bank Secrecy Act : 자금세탁방지 절차와 고객식별 프로그램, 정부감시 목록에 대한 대조를 시행하도록 규정함.

– 채권의 공정한 추심에 관한 법률Fair Debt Collection Practices Act : 소비자 채무의 추심에 대한 채권추심업자의 특정 행위를 제한함.

(4) P2P 대출에 적용되는 주정부 법은 대출법, 서비스법, 채권추심법, 이자제한법 등이며 이는 인가, 신원조회, 요구자본, 신원조회 대상이다.

– 인가를 받은 P2P 대출 사업자는 주정부 인가당국의 검사 대상임.

(5) 2011년 7월부터 운용을 시작한 소비자금융보호기구CFPB는 소비자 금융상품과 서비스에 대해 연방법을 집행하거나 규제하는 역할을 한다.

– 소비자금융보호기구는 불공정하고, 기만적이고, 악용되는 행위 또는 사례로부터 소비자를 보호하기 위해 P2P 대출 플랫폼에 대한 법집행 권

한을 가지고 있음.

(6) P2P 대출은 소비신용 규제와 더불어 연방 및 주정부 증권법의 규제 대상이다.

(7) 증권거래위원회SEC는 P2P 대출 플랫폼이 발행한 대출 어음Note을 1933년 증권법에 의거하여 증권으로서 등록하도록 요구하여 2008년 이후 P2P 대출에 증권법을 적용해 왔다.

- 어음 발행이 증권으로서 간주된다면 P2P 대출 플랫폼이 발행하는 대출어음은 증권 거래위원회 증권규제 대상임.

(8) P2P 대출 어음은 전국증권시장개선법44) 상 커버드증권45)이 아니기 때문에 창공법Blue Sky Law46)에 따라 신고 대상이다.

■ 미국 의회가 P2P 대출 규제기관

미국 의회가 P2P 대출 규제기관(SEC, CFPB, FDIC, 주은행규제기관, 주증권규제기관 등)이 중복됨에 따라 도드프랭크법Dodd-Frank Act을 제정하면서 회계감사원(GAO)에 P2P 대출 거래의 적절한 규제 체계를 설정하는 보고서 제출을 요청하고 있다.

(1) 2011년 발행된 이 보고서는 P2P 대출의 연방수준Federal Level으로 규제하는 2가지 접근 방식을 제안하였다.

- 증권거래위원회SEC 중심의 접근: 잠재된 투자자 위험은 연방 수준에

44) National Securities Markets Improvement Act of 1996
45) NYSE, AMEX, MIDWEST, NASDAQ 글로벌 시장이나 이와 동등한 시장에 상장된 증권
46) 부정증권판매금지법으로 사기회사에 투자하는 일이 없도록 보호하기 위한 미국의 법률

서 증권거래위원회가 규제하는 것으로, 이 접근 방식은 P2P 대출의 연방 규제에 따라 개별적인 주정부 수준State Level의 증권규제를 면제하지만 대출자 보호는 주정부 규제에 따름.

– 소비자금융보호기구CFPB 중심의 접근 : 대출자와 투자자에 대한 보호를 소비자금융 보호기구로 통합하고 P2P 대출을 연방 수준으로 규제하는 증권 대신에 소비자 금융상품으로 간주하여 소비자금융보호기구가 투자자와 P2P 대출 사업자사이의 거래를 규제함.

⑵ 회계감사원은 P2P 대출산업이 초장기이기 때문에 시장 확대가 예상된다는 이유로 어떤 규제모델이 적절하다는 의견을 보류하고 의회의 선택에 맡김으로써 증권거래위원회가 P2P 대출의 자금공급 측면Funding Side의 주요 규제기관으로 정착하였다.

■ 미국의 발전된 신용시스템

미국의 발전된 신용시스템과 금융시스템은 신생 P2P 대출 플랫폼이 성장하는 데 큰 역할을 했고, 산업 초창기부터 엄격한 유권해석을 통해 P2P 대출을 정의하고 관련 법률을 적용함에 따라 투자자 보호를 강화하였다.

3. 영국 P2P 대출 시장 및 규제 현황

영국 P2P 대출 산업은 2005년 3월 4일 조타가 소비자 대출을 처음으로 발행하며 시작되었고, 이후 정부 지원을 통한 신뢰감 형성과 산업 자체의 자율규제 노력으로 건전하게 발전하였다.

■ 시장규모

영국 P2P 대출 시장규모는 2013년 7.1억$, 2014년 19.1억$, 2015년 35.3억$로 최근 3년간 연평균 성장률은 123.0%에 달한다.

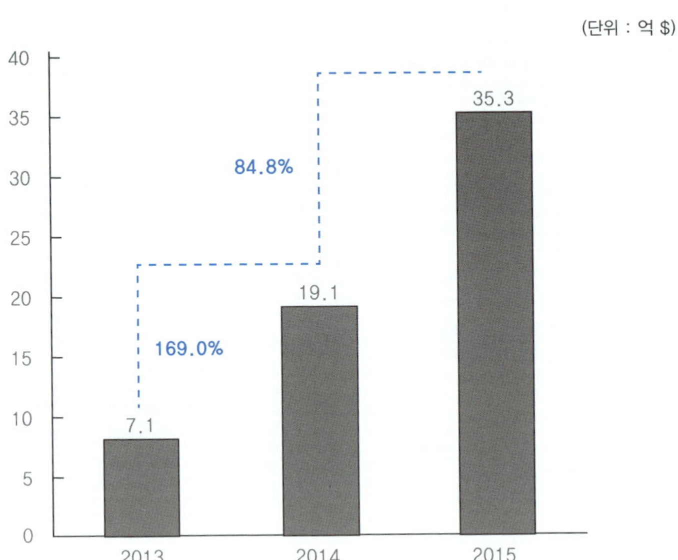

영국 P2P 대출 시장규모 추이 (2013년 ~ 2015년)

자료: 한국소비자원, 온라인 P2P대출 서비스 실태조사, 2016.6.

■ 성장 배경

P2P 대출을 지원하는 영국정부의 태도는 관련 규제를 완화하고 투자자와 대출자의 P2P 대출에 대한 신뢰를 높일 수 있었다.

⑴ 2013년 3월 영국정부는 기업금융제휴[BFP]를 통해 200만 파운드를 펀딩서클에 투자하였고, 2014년 3월에는 추가로 4,000만 파운드를 펀딩서

클 대출에 투자하였다.

- 영국의 다른 P2P 대출 플랫폼도 영국정부의 지원[47]을 받음.

⑵ P2P 대출 업계도 소비자 보호와 행동기준 강화를 위해 2011년 자체적인 규제기구Peer to Peer Finance Association : P2PFA를 설립하였다.

⑶ 영국은 2016년 4월 6일부터 기존 현금형 ISA, 투자형 ISA 이외에 새롭게 혁신형 ISA[48]를 도입하였다.

■ 시장점유

P2P 개인대출 분야에서는 조파가 시장의 56%, 레이트세터가 42%를 점유하고 있어 두 사업자가 98%를 점유하고 있다. 중소기업대출 분야는 좀 더 세분화되어 있고 펀딩서클Funding Circle이 시장의 43%를 점유하고 있다.

■ 대표적 운영모델

'고객 구분계좌 모델'은 투자자와 대출자는 P2P 대출 플랫폼을 통해 연결되고 계약은 대출자와 투자자 사이에 플랫폼의 개입이 거의 없이 이루어지는데, 모든 자금이 P2P 대출 사업자 재무상태표에서 분리되고 법적으로 P2P 대출 사업자 계정과 구분된 고객계좌를 거치게 되어 있다.

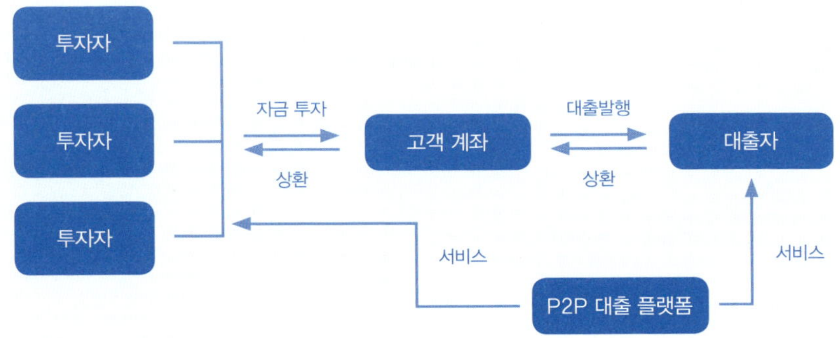

자료: 한국소비자원, 온라인 P2P대출 서비스 실태조사, 2016.6.

■ 주요 플랫폼

조파, 펀딩서클, 레이트세터 등이 대표적 플랫폼 회사이다.

(1) 조파는 2005년 설립된 세계 최초의, 영국 최대의 P2P 대출 플랫폼 회사이다.

(2) 펀딩서클은 영국최대의 중소기업 대출 플랫폼 회사이다.

(3) 레이트세터는 최초로 투자자 보호 준비기금Provision Fund을 시작한 플랫폼 회사이다.

영국의 주요 P2P 사업자

플랫폼	설립년도	대출대상	누적대출액	대출기간	대출한도
조파	2005	개인, 중소기업	22억$	12~60개월	1.6천$~39천$
펀딩서클	2010	중소기업	19억$	24~60개월	6천$~1,200천$
레이트세터	2010	개인, 중소기업	18억$	1~60개월	1.6천$~39천$

자료: 한국소비자원, 온라인 P2P대출 서비스 실태조사, 2016.6.

■ **대출 산업에 대한 규제**

금융행위감독청FCA이 소비자 신용시장에 대한 규제권한을 공정거래청 OFT으로부터 이관 받아 P2P 대출 산업에 대한 규제를 시작하였다.

⑴ 금융행위감독청은 중소기업 성장을 위한 주요 대안금융으로서 P2P 대출을 주목하여 동산업에 대한 지속 성장 및 투자자 보호를 위해 별도의 새로운 감독체계를 마련하고, 관련 2가지 정책지침을 2014.4.1.부로 발효함.

⑵ P2P 대출 거래와 관련하여 P2P 대출 사업자에게 적용되는 소비자 신용에 관한 규칙Detailed Rules for the FCA Regime for Consumer Credit은 금융소비자인 대출자를 보호하기 위한 내용이 대부분임.

– '영업원칙', '고위경영진 거래, 체계 및 통제 감독규정', '일반조항 감독규정'에서 규정하고 있는 대출자를 보호하기 위한 규칙High-level rules이 P2P 대출 사업자에게도 적용됨.

– P2P 대출 사업자는 대출계약 체결 전에 대출에 따른 위험 등 대출계약의 중요 사항을 대출자에게 충분히 설명해야 함.

– P2P 대출 사업자는 대출을 하기 전에 대출자의 신용도를 파악해야 함.

– 대출 권유 및 광고에 관한 규칙이 P2P 대출 거래에도 적용됨.

– P2P 대출 사업자는 '고비용단기신용'High-Cost Short-Term Credit: HCSTC 대출에 따른 위험을 대출자에게 고지해야 함.

– 대출자의 주택을 담보로 하는 대출의 경우에는 대출자에게 특별한 위험(채무불이행 시 주택이 경매될 수 있다는 위험)을 알려야 함.

– 대출자가 대출계약 체결 후 14일 이내에는 이유를 불문하고 구두나 서면 통지로 대출계약을 취소할 수 있는 권리가 있다는 것을 대출계약서에

포함시켜야 함.

- P2P 대출 사업자는 대출자가 연체한 경우에는 그 사실을 대출자에게 통지하여야 하며, 연체된 내역을 대출자에게 통지하면서 대출자가 무료로 채무 조정 상담을 받을 수 있도록 해야 함.

- P2P 대출 사업자가 채권 추심 업무를 수행하거나 신용정보서비스 관련 업무를 수행하는 경우에는 그와 관련한 규칙이 P2P 대출 사업자에게도 적용됨.

- 신용대출을 상환하기 위한 대출(대환대출)과 관련된 규칙 및 지침이 P2P 대출 사업자에게 적용됨.

- 대출자가 고비용단기신용 대출 연장 횟수는 2회로 한정함.

- 고비용단기신용 대출을 회수하기 위하여 '지속지급기관'Continuous Payment Authority: CPA을 이용할 수 있는 횟수를 2회로 한정함.

- 고비용단기신용 대출의 일부를 회수하기 위한 목적으로 지속지급기관을 이용하는 것은 금지됨.

⑶ 인터넷에서의 소액자금 조달에 관한 규제 지침[49]은 주로 P2P 대출 사업자에 대한 규제 내용을 담고 있는데, 주요 사항은 다음과 같다.

- P2P 대출 사업자는 금융행위감독청으로부터 새로운 인가를 받아야 하는데, 2014.3.31. 기준으로 공정거래청으로부터 소비자금융 취급 인가를 받고 있었던 P2P 대출 사업자는 금융행위감독청으로부터 임시승인Interim Permission을 얻어 계속 영업을 할 수는 있지만, 2016.4.1. 전까지 정식인가를 받아야 하며, 새롭게 P2P 대출 사업을 영위하고자 하는 사업자는 금융행위감독청으로부터 정식인가를 받아야 함.

---

49) The FCA's Regulatory Approach to Crowdfunding over The Internet, and The Promotion of Non-readily Realisable Securities by Other Media

- P2P 대출 사업자에 대해서도 건전성 유지를 위해 최저 자본금 등 자본
건전성 규제가 적용됨.

• 임시승인을 받은 사업자와 신규 사업자를 구분하여 최저 자본금을 적
용함.

• 기간에 따라 최저 자본금을 차등하여 신규사업자가 사업을 시작하고
임시승인 사업자가 기준을 충족시키는 데 무리가 없도록 함.

• 고정금액 방식과 대출잔액에 따른 누적합산금액 방식으로 나누어 산
업 진입을 위한 최저 자본금액 설정 및 사업규모가 증가함에 따라 그에
상응하여 자본금액이 증가할 수 있도록 구조화 함.

영국의 주요 P2P 사업자

구분	임시승인을 받은 사업자	신규 사업자
2014.4.1~ 2016.3.31	자본규제 대상이 아님.	아래 (1), (2)중 더 큰 금액 (1) 20,000£ (2) 회계기준일자의 대출잔액을 기준으로 금액에 따라 아래 계산식을 적용 • ~ 50백만£ 이하 : 0.2% • 50백만£ 초과 ~ 250백만£ 이하 0.15% • 250백만£ 초과 ~ 500백만£ 이하 0.1% • 500백만£ 초과 : 0.05%
2016.4.1~ 2017.3.31	아래 (1), (2)중 더 큰 금액 (1) 20,000£ (2) 회계기준일자의 대출잔액을 기준으로 금액에 따라 아래 계산식을 적용 • ~ 50백만£ 이하 : 0.2% • 50백만£ 초과 ~ 250백만£ 이하 0.15% • 250백만£ 초과 ~ 500백만£ 이하 0.1% • 500백만£ 초과 : 0.05%	

2017.4.1~	아래 (1), (2)중 더 큰 금액 (1) 50,000£ (2) 회계기준일자의 대출잔액을 기준으로 금액에 따라 아래 계산식을 적용 • ~ 50백만£ 이하 : 0.2% • 50백만£ 초과 ~ 250백만£ 이하 0.15% • 250백만£ 초과 ~ 500백만£ 이하 0.1% • 500백만£ 초과 : 0.05%

자료: 한국소비자원, 온라인 P2P대출 서비스 실태조사, 2016.6.

- P2P 대출 사업자는 투자자로부터 대출 재원을 받아서 대출자에게 전달하는 역할을 하므로 대출재원을 일시적으로 보관하게 되는데, 이때 관련 규칙인 고객자산감독규정Client Assets Source book상의 고객자금운영규칙 Client Money Rules이 P2P 대출 사업자에게도 적용[50]됨.

- P2P 대출 사업자의 파산 시 대출중개업자가 보관하고 있는 여러 고객의 자금을 투자자 또는 대출자 중 누구에게 분배할 것인지에 관한 문제에 대해서는 고객자산감독규정상의 고객자산분배규칙Client Money Distribution Rules이 적용되어 고객 자산은 투자자를 위한 신탁 자산으로서 보관되는 것이므로 투자자에게 배분되도록 하고 있음.

- P2P 대출 사업자는 파산 등의 사유로 영업을 하지 못하는 상황이 되더라도 기존의 대출계약이 계속 유지되고 관리될 수 있는 약정 또는 체계를 갖추어야 함.

- 유럽연합EU의 비대면 판매 지침에 따르면, 일반적으로 비대면 계약 체결의 경우에는 일정한 기간 이내에는 수수료 없이 계약을 취소할 수 있는 권한을 고객에게 부여하고 있지만, 투자상품의 가격이 금융시장의 상

---

50) 투자자로부터 수령한 자금을 충분히 잘 보호할 수 있도록 P2P 대출 사업자의 자산과 고객의 자산을 분리하여 신탁자산(Trust)으로 보관하여야 함.

황에 따라 변동될 수 있는 계약의 경우에는 예외가 적용되므로, P2P 대출 거래의 유통시장Secondary Market이 형성되어 있는 경우에는 투자자의 취소권이 인정되지 않음.

- P2P 대출 사업자는 투자자가 투자결정을 하기 위해 필요한 정보(예상 및 실제 부도율, 투자 안전장치 등에 관한 정보)를 제공해야 하고, 해당 정보는 공정·명확하고 오해가 없도록 해야 하며 부과되는 세금에 관한 충분한 정보도 고객에게 제공해야 함.

- P2P 대출 사업자가 웹사이트에 대출 조건을 게시하는 것은 투자 권유로 간주되어 투자권유 및 광고에 관한 시행령 및 규제대상 업무에 관한 시행령이 적용됨.

- P2P 대출 사업자와 소비자(개인인 투자자 또는 대출자) 사이에 분쟁이 발생한 경우 소비자는 분쟁 조정 절차 등 분쟁 해결 절차를 이용할 수 있는 권리가 있으므로, 우선 해당 P2P 대출 사업자에게 민원을 제기할 수 있고 만약 해결되지 않으면 금융분쟁조정원에 분쟁조정을 신청할 수 있음.

- P2P 대출 사업자에게 금융행위감독청에 대한 정기적인 보고 의무가 적용되어 P2P 대출 사업자는 자본금 등 재무 현황, 보관하고 있는 고객 자금의 규모, 매분기별 대출 중개내역, 민원 제기 현황 등을 정기적으로 보고해야 함.

■ 영국의 P2P 대출 산업

영국의 P2P 대출 산업은 경제의 긍정적인 영향을 고려한 정부의 지원을 통해 고객으로부터 신뢰감을 얻을 수 있었고, 정부가 CPConsultation Paper를 통해 사업자와 소통하면서 규제를 정립해 발전하였다. 과거에는 P2P 대출 거래를 소비자 금융의 하나로 보아 관련 규제기관인 공정거래청이 불공정 대출로부터 자금 수요자를 보호하기 위한 일반적인 규제를 하는 정도였으나, 현재는 P2P 대출 거래를 새로운 유형의 금융거래로 보아 금융감독 기관이 본격적인 규제를 하기 시작했다.

4. 중국 P2P 대출 시장 및 규제 현황

과거 중국의 P2P 대출 산업은 2007년 마이크로소프트사의 전직 엔지니어가 설립한 파이파이다스PPDAI를 시작으로 가파른 성장세를 보이고 있다.

■ **시장규모**

P2P 대출 시장규모는 2013년 55.2억$, 2014년 238.2억$, 2015년 975.8억$로 최근 3년간 연평균 성장률은 320.4%에 달한다.

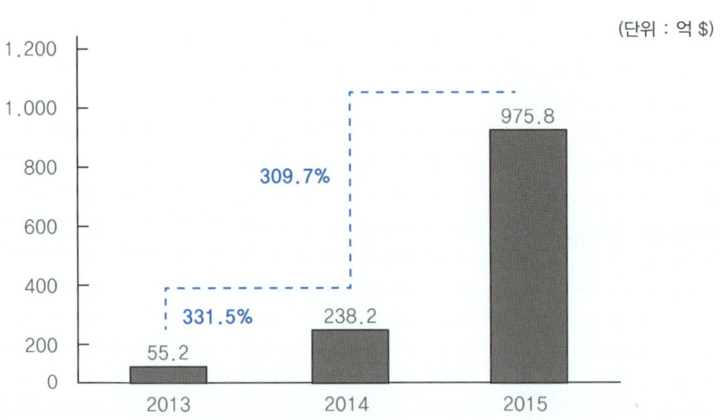

중국 P2P 대출 시장규모 추이 (2013년 ~ 2015년)

자료: 한국소비자원, 온라인 P2P대출 서비스 실태조사, 2016.6.

■ **성장 배경**

중국 금융감독 당국이 빅데이터를 활용한 온라인금융 서비스를 적극적으로 지원했고, 시중은행에서 대출이 어려운 일반인이나 중소기업들이 P2P 대출을 활용하게 되면서 폭발적인 성장을 할 수 있었다.

(1) P2P 대출 사업자 수는 도입기인 2010년에 10개에서 2015년에는 2,595개로 크게 증가하였다.

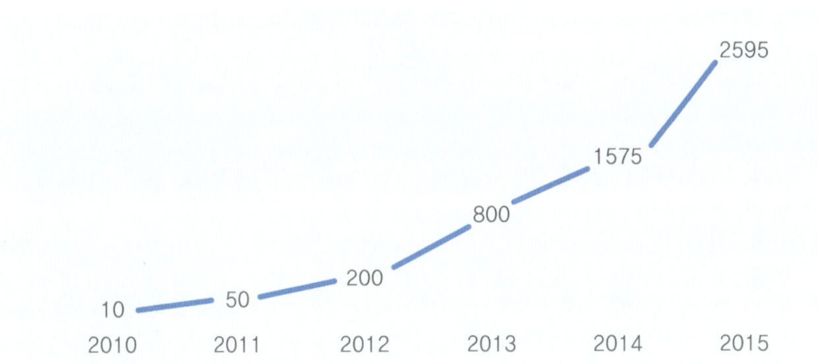

중국 P2P 대출 플랫폼 업체 수(2010년 ~ 2015년)

자료: 한국소비자원, 온라인 P2P대출 서비스 실태조사, 2016.6.

(2) '수익보장형'은 대부분의 중국 P2P 대출 플랫폼이 과거에 택했던 모델로, P2P 대출 플랫폼은 대출이 채무불이행상태가 되면 8 ~ 10% 정도의 수익을 보장했으나 인터넷 금융 가이드라인이 발표되고 난 이후부터 플랫폼은 오직 중개 정보만 제공하고 대출자의 신용평가나 수익 보장을 통해 투자자를 모집하는 것이 금지되었다.

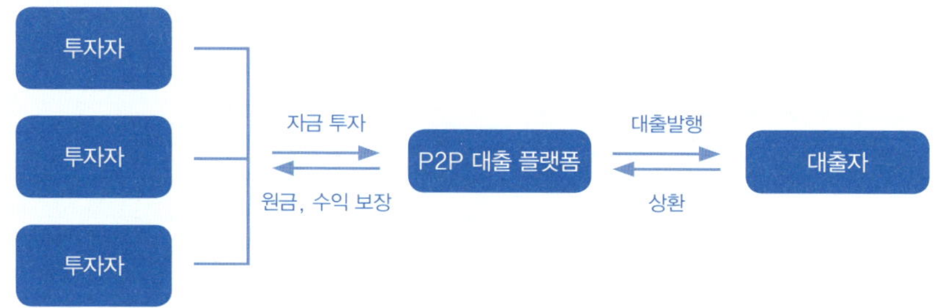

자료: 한국소비자원, 온라인 P2P대출 서비스 실태조사, 2016.6.

■ 주요 플랫폼

홍링Hongling Capital, 루팍스Lufax, 이런다이Yirendai가 대표적 플랫폼 회사다.

(1) 홍링은 중국에서 가장 큰 온라인 P2P 대출 플랫폼으로 가장 오래된 플랫폼 중 하나이다.

(2) 루팍스는 중국에서 2번째로 큰 핑안그룹 보험회사의 자회사이다.

(3) 이런다이는 중국 최초의 P2P 대출 플랫폼인 크레디트이즈CreditEase[51]의 자회사이다.

중국의 주요 P2P 대출 플랫폼

플랫폼	설립년도	대출대상	누적대출액	대출기간	대출한도
홍링	2009	개인, 중소기업	133억$	5일~60개월	16천$~1,600천$
루팍스	2012	개인, 중소기업	59억$	1~36개월	1.6천$~48천$
이런다이	2012	개인, 중소기업	19억$	12~48개월	1.6천$~80천$

자료: 한국소비자원, 온라인 P2P대출 서비스 실태조사, 2016.6.

51) 크레디트이즈는 2006년 오프라인 영업방식으로 소비자와 중소기업에게 대출을 제공하였으나 2012년 온라인 플랫폼 이런다이를 런칭하기 이전까지 온라인 플랫폼을 개설하지 않음. 중국 최초의 온라인 P2P 대출 플랫폼은 2007년 런칭한 파이파이다이임.

■ 초창기 중국의 P2P 대출에 대한 규제 부족

초창기 중국의 P2P 대출에 대한 규제 부족은 P2P 대출의 성장을 이끌었지만 금융부실, 해킹, 사기 등 문제점이 속출하는 등 부작용이 발생하였다.

(1) P2P 대출 사업자 e쭈바오는 500억 위안(약 9조 원)의 다단계 사기 금융 행각[52]을 벌이다 중국 사법 당국에 적발됐다. 이처럼 문제가 생긴 P2P 대출 플랫폼이 2012년 6개, 2013년 76개에 이어 2014년에는 322개에 달한다.

(2) 중국 은행감독위원회CBRC는 현재 영업 중인 P2P 대출 사업자 중 1,000곳 이상이 대출 및 이자지급 불이행 등 문제를 일으킬 가능성이 있다고 진단했고, 일부 대출사업자는 급전이 필요한 사람들에게 하루1%에 이르는 고금리를 강요하는 사례도 속출하고 있다.

(3) 중앙은행과 재정부The Ministry of Finance를 포함한 10개 중앙정부 부처 및 규제기관은 P2P 대출을 포함한 인터넷 금융에 대한 지침을 제정하고 2015년 7월18일 중국인민은행PCB이 이를 공표했다. 지침에는 P2P 대출에 대한 감독주제를 은행감독위원회로 지정하고 아래의 8개 주요 내용을 포함하고 있다.

1. 모든 조직이나 개인은 관련 당국에 신청서를 제출해야 함.
2. 모든 조직은 고객자금을 제3자에게 예탁해야 함.
3. 체계적인 공시를 통해 투자자가 위험을 인식하도록 해야 함.
4. 소비자 보호 교육 및 분쟁 해결을 강화해야 함.
5. 소비자 보호를 위해 온라인 보안을 강화해야 함.
6. 운영자는 자금세탁 방지 및 기타 금융 범죄에 대한 조치를 취해야 함.
7. 업계의 자율 규제 환경을 강화해야 함.
8. 모니터링 및 산업 데이터의 정합성을 제고해야 함.

52) 중국 내에서 액수가 가장 큰금융사기로, e쭈바오는 연14.6% 고수익을 보장해주겠다며 90만명을 상대로 500억 위안을 모았음. 하지만 조사 결과 e쭈바오가 투자했다고 밝힌 기업 207곳 중 실제로 대출이 이뤄진 곳은 한 곳에 불과했음.

(4) 이후 은행감독위원회는 P2P 대출에 대한 규제초안을 2015년 12월 28일 발표하였다.

– 규제 초안에 따르면, 온라인 대출플랫폼은 대출자와 투자자에게 정보를 제공하는 중개자로서 정의하고 어떠한 다른 방법으로도 그 거래(매매)에 참여할 수 없도록 규정함.

– 해당 규제의 목적은 리스크 관리를 촉진하고 불건전한 관례와 불법행위가 유행되는 것을 제한키 위해 반드시 필요한 특별조치를 하기 위해서임.

– 은행감독위원회는 법률적으로 진입장벽(면허, 허가시스템 등)을 설정하는 것보다 바람직하지 않은 영업행위를 통제하는 것에 관심을 두고 나머지는 업계자율규제에 맡기는 것이 이상적인 접근 방식이라고 문서에 명문화 함.

– 아래 12가지 금지조항이 규제의 가장 주요한 부분이라고 할 수 있음.

1. 플랫폼을 자기대출이나 특수관계자 대출에 이용하는 행위
2. 직접적 또는 간접적으로 대출 자금을 관리하거나 수취하는 행위
3. 투자자에게 보증을 제공하거나 원금과 이자 수익을 보장하는 행위
4. 플랫폼에 등록 후 신원 확인이 완료되지 않은 사용자에게 마케팅이나 대출투자 권유를 하는 행위
5. 관련법률 및 규정에 의해 특별히 명시되지 않는 한 직접적으로 대출자에게 대출을 하는 행위
6. 원래 대출기간과 다르게 유동성을 부여하여 투자상품에 대출을 구조화시키는 행위
7. 은행 자산관리 상품이나 뮤추얼펀드, 연금보험 등 금융상품을 판매하는 행위
8. 관련 법률 및 규정에 명시되어 있지 않는 한 다른 투자사업자나 중개사업자와 연계하여 투자상품을 판매 또는 중개하거나 묶음판매를 하는 행위
9. 거짓 대출정보를 제공하거나 비현실적인 수익 기대를 야기시키는 행위
10. 주식시장에 투자하기 위한 목적으로 대출을 조장하는 행위
11. 증권 크라우드펀딩을 제공하거나 크라우드펀딩 서비스를 설계하는 행위
12. 관련 법률 및 규정에 위반되는 기타 행위

– 한편, P2P 대출 사업자의 주요 의무를 다음과 같이 규정함.

1. P2P 대출 사업자는 사업면허를 취득하고 지역 금융규제기관에 등록해야 함.
2. P2P 대출 사업자는 대출 데이터를 중앙정부에 의해 설립된 온라인 대출 중앙 데이터 베이스에 보고해야 함.
3. P2P 대출 사업자는 인가된 금융기관을 통해 기금관리서비스를 이용해야 함.
4. 플랫폼은 매년 제3자에 의한 감사를 실시하고 감사보고서를 회계연도 말로부터 4개월 이내에 지역 규제기관에 제출해야 함.

– P2P 대출 플랫폼 사업자의 제한 행위를 다음과 같이 규정함.

1. 대출정보를 수집하거나, 대출을 검토하거나, 채권을 추심하거나, 담보대출을 관리하거나 기타 위험관리를 위해 활동하는 것을 제외하고는 오프라인 활동이 제한됨.
2. P2P 대출 사업자는 투자자를 위한 투자결정을 해서는 안 되고 투자자에 의해 직접결정 되도록 해야 함(=자동투자시스템 제한).

– P2P 대출에 대한 공시기준을 다음과 같이 규정함.

1. 대출자 기본정보 : 연소득, 자산, 부채, 신용정보
2. 대출정보 : 대출타입, 대출목적, 대출자 지역, 신청서류, 대출상환 재원, 상환 방법, 대출크기, 기간, 이자(수수료 제외), 신용등급(또는 점수), 보증 현황
3. 대출 통계정보 : 총 거래금액, 거래건수, 미상환 원금 잔액, 대출자 집중비율, 연체대출액, 연체율, 대손율, 투자자수, 대출자수, 고객 불만사항, 투자자 손실보상금액

– P2P 대출 거래시 대출자와 사업자의 의무를 다음과 같이 규정함.

1. 대출자는 대출의 사용 목적이 같다면 다수의 플랫폼이나 다른 채널을 통해 대출할 수 없음.
2. 대출자가 P2P 대출 사업자가 12가지 금지행위를 한 사실을 알았다면 대출을 받지 말아야 함.
3. P2P 대출 사업자는 투자자의 나이, 건강, 재무상태, 투자경험, 위험성향 정보를 수집하고 투자자 보호와 범주화를 위해 정보를 분석해야 하며 투자자 성향(Type)에 따라 최대 투자금액과 투자 범주를 정해야 함.

■ 중국의 P2P 대출 시장

중국의 P2P 대출 시장은 금융시스템 및 신용정보 인프라 부족으로 인한 금융공백을 보완할 대안으로서 큰 호응을 얻었고, 정부도 이에 대해 특별히 규제하지 않음에 따라 시장이 폭발적으로 성장할 수 있었지만 그에 상응하는 투자자 피해가 발생하였다.

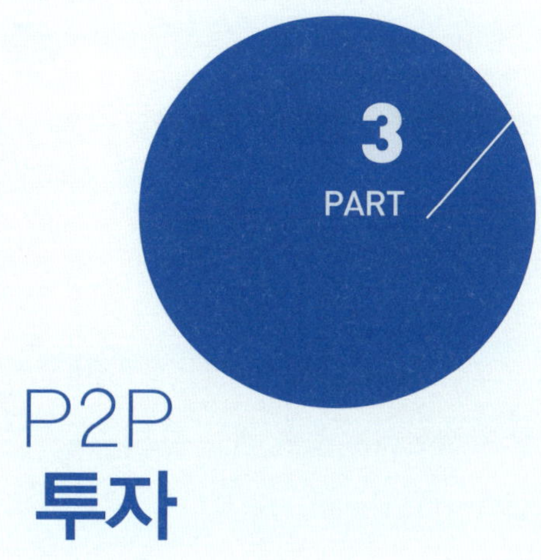

3 PART

P2P
투자

①

P2P 투자자 유의사항

P2P 투자상품은 예금자 보호 대상이 아니며 기본적으로 차입자가 원리금을 상환하지 못할 경우 투자자에게 손익이 귀속된다. 100% 안전을 보장한다거나 원금이 보장된다는 업체는 유사수신 행위업체에 해당될 수 있으니 투자를 피하는 것이 바람직하다.

1. 원금 보장 상품이 아닌 손실 가능성이 있는 상품이다

P2P 대출 투자 상품은 예금자 보호 대상이 아니며, 차입자가 원리금을 상환하지 못하거나 부동산 시장 상황 등에 따라 차입자의 연체·상환지연 등 채무 불이행이 발생하면 투자원금의 손실 가능성이 있다.

1 원금 손실을 최소화하기 위해서는 담보대상, 채권순위(선·후순위), LTV 비율, 담보권 실행 방식[53] 등을 면밀히 살펴볼 필요가 있다.

2 건축자금 대출(PF대출)의 경우에는 일반적으로 건축 예정 토지를 담보로 설정하나, 업체에서 제시한 건축물 준공 후 가치를 확정된 담보물의 가치로 오인하지 않도록 주의가 필요하다.

---

53) 대출상품의 경매처분, 채권매입추심업체에 근저담보부 대출채권 매각 등

③ 일부 PF 대출상품 중 토지에 대한 담보권이 후순위거나 담보가 없는 경우도 존재하므로 투자 조건을 상세히 검토할 필요가 있다.

④ "담보대출이니 걱정 말고 투자하라"는 광고·홍보 문구는 문구일 뿐 투자 손실은 투자자의 몫이므로 각별히 주의할 필요가 있다.

2. 높은 수익률(금리)은 반드시 높은 위험을 수반할 수 있다

차입자가 은행 등을 통한 저금리 대출이 아닌 중·고금리 대출을 받는다는 것은 높은 금리만큼의 위험성을 내포하고 있다는 의미도 있다.

① P2P 업체에서 제공하는 일반적인 부동산 담보 대출에 대한 투자 상품의 경우, 후순위 채권이 대부분인 상황[54]

② 후순위 채권의 경우 차입자의 채무불이행 시 담보처분 가격에 따라 원금 손실이 크게 발생할 수 있으므로 각별한 주의가 필요하다.

③ 일부 업체의 경우 차입자 모집을 위해 LTV 100%까지 대출이 가능하다고 광고하고 있으나, 투자자 측면에서는 담보가치 하락이 직접적 손실로 귀결된다.

④ 건축자금 대출(PF대출)의 경우에는 건축물 준공 후 미분양이 발생하거

---

54) 은행 등을 통한 선순위 대출 이후 2·3순위 추가적인 대출상품 진행

나 준공가치가 예상보다 낮아질 수 있는 리스크가 발생할 수 있다.

※ 높은 수익률을 추구하는 것은 투자자 선택의 몫이지만, 투자에 앞서 정확한 리스크 파악 · 분석이 선행될 필요가 있다.

3. 단기 대출이 반드시 위험도가 낮은 것은 아니다

부동산 P2P 대출상품의 경우, 신용대출과 달리 통상 1년 이내의 단기간 대출에 대한 투자상품이 현 P2P 업체에서 보편적 계약 기간이다.

1 단기 대출임에도 부동산 시장의 경기 변화에 따라 채무상환 연체가 발생할 가능성도 있다.

2 금리 인상 등에 따른 경기 침체 시 부동산 가격 하락의 우려가 있으므로 투자 여부를 신중히 판단할 필요가 있다.

4. 고수익 상품 투자 시 리스크 분석이 더욱 중요하다

부동산 P2P 대출상품의 경우, 신용대출과 달리 투자 실행 전 추가적으로 고려해야 할 리스크들이 존재한다.

1 건축자금 대출(PF대출)의 경우, 사업계획의 타당성(부동산 수요 등), 시행 · 시공업체 안정성 등 부동산 사업 관련 리스크 파악이 중요하다.

② 담보물 소유권을 신탁회사에 이전하는 경우, 시공사의 파산·부도 시 제3의 채권자로부터 재산권 보호에 유리하다.

③ 담보가치 평가 방법[55], 담보권 순위, 담보가치 하락 가능성 등 담보 관련 리스크 파악이 중요하다.

④ 차입자의 채무불이행 발생 시 채권추심 방식, 정산시기[56] 등 추심 관련 리스크 파악이 중요하다.

5. 투자 전 투자 대상에 대해 직접 확인하는 것이 중요하다

일부 P2P 업체는 투자의 유리한 측면만 부각하고 위험요인은 축소하여 투자자의 합리적인 투자 결정을 저해할 수 있다.

① 투자 대상(담보물)을 직접 방문하여 주변 시세·분양률 등을 확인하거나 투자(담보)에 대한 의문점은 업체에 정확한 내용을 문의·확인할 필요가 있다.

② 투자 대상 물건 정보 필요시 추가 자료 등을 P2P 업체에 확인 요청을 통해 충분히 확인한 후 투자를 실행할 필요가 있다.

---

55) 담보물에 대한 감정평가, 공신력 있는 금융회사의 부동산 시세 자료 등
56) 채권매입추심업자에 대한 채권매각이 경매(10~12개월)보다 상대적으로 빨리 상환될 수 있다.

②

P2P 세금

　개인이 부담하는 대표적인 세금인 종합소득세는 여러 가지 소득을 합한 것에 과세하는 세금을 뜻하는 것으로, 종합소득은 이자/배당소득, 사업(부동산 임대) 소득, 근로소득, 연금소득, 기타 소득으로 구성되어 있다. P2P 플랫폼 업체는 대부분 소득세를 공제하고 이자를 지급하고 있다.

1. 종합과세대상소득의 종류

　5가지 종류의 종합과세대상 소득은 분리과세와 종합과세를 통해서 과세를 한다.

이자, 배당소득	사업(부동산 임대소득)	근로소득	연금소득	기타소득

※ 종합 과세하지 않고 별도로 과세하는 분류 과세 대상 소득에는 퇴직소득, 양도소득이 있다.

■ 분리과세

　종합과세표준을 계산할 때 합산하지 않고 소득을 지급할 때 소득세를 원천징수함으로써 과세를 종료하는 것을 말한다. (「소득세법」 제14조 3항)

⑴ 우리가 흔히 예금을 하고 받는 이자수익은 은행에서 고객에게 지급을
할 때 15.4%를 원천징수하고 세후 금액을 고객의 통장에 입금해 준다.
⑵ 원천징수한 금액은 다음 달 10일에 세금 납부를 함으로써 과세가 종료
되므로 세금납부에 대해 신경 쓸 필요가 없다.(다만, 이자/배당소득이 연간 2
천만 원을 초과하면 종합과세대상이 된다.)

■ 종합과세

일정 기간 동안의 모든 종합과세대상 소득을 합산하여 총액에 대해서 종
합과세세율을 적용하고 미리 납부한 원천징수세액 등은 종합과세세율을 적
용해서 산출된 세액에서 차감하고 납부하는 것이다. 결론적으로 부담하게
되는 세액은 종합과세세율이 된다.

■ 종합소득세의 신고 납부는?

과세 대상 연도의 다음 해 5월 1일~5월 31일까지 신고 납부를 하면 된다.

⑴ 이때 적용되는 종합소득세율은 다음과 같다. (『소득세법』 제55조)
제55조(세율) ①거주자의 종합소득에 대한 소득세는 해당 연도의 종합소
득과세표준에 다음의 세율을 적용하여 계산한 금액(이하 "종합소득산출세액"
이라 한다)을 그 세액으로 한다.

종합소득세 과세표준 및 세율

과세표준	세율	누진공제액	계산법
1,200만 원 이하	6%	0원	과세표준 금액 X 6% − 720,000만원
1,200만 원초과 ~ 4,600만 원 이하	15%	108만 원	과세표준 금액 X 15% − 108만 원
4,600만 원 초과 ~ 8,800만 원 이하	24%	522만 원	과세표준 금액 X 24% − 522만 원
8,800만 원 초과 ~ 1억5천만 원 이하	35%	1,490만 원	과세표준금액 X 35% − 1,490만 원
1억5천만 원 초과	38%	1,940만 원	과세표준금액 X 38% − 1,940만 원

(2) 근로소득만 있는 경우에는 매월 급여 지급 시에 근로소득세가 원천징수되어 다음 달 10일에 납부되고 그다음 해 1~2월에 연말정산이라는 절차를 거쳐서 최종적으로 종합소득세를 확정하게 되므로 5~6월에 종합소득세 확정신고를 하지 않게 된다.

(3) 근거조항으로는 「소득세법」 제73조 근로소득만 있어서 근로소득 원천징수와 연말정산으로 과세가 종료된 경우 그리고 원천징수로 과세가 종료되는 분리과세소득만 있는 경우에는 과세표준 확정 신고를 하지 않을 수 있다고 규정되어 있다.

「소득세법」 제73조(과세표준 확정신고의 예외)

① 다음 각 호의 어느 하나에 해당하는 거주자는 제70조 및 제71조에도 불구하고 해당 소득에 대하여 과세표준 확정 신고를 하지 아니할 수 있다. 〈개정 2013.1.1.〉

1. 근로소득만 있는 자
2. 퇴직소득만 있는 자
3. 공적연금소득만 있는 자
4. 제127조에 따라 원천징수되는 사업소득으로서 대통령령으로 정하는 사업소득
   만 있는 자
5. 제1호 및 제2호의 소득만 있는 자
6. 제2호 및 제3호의 소득만 있는 자
7. 제2호 및 제4호의 소득만 있는 자
8. 분리과세이자소득, 분리과세배당소득, 분리과세연금소득 및 분리과세기타소득
   만 있는 자
9. 제1호부터 제7호까지의 규정에 해당하는 사람으로서 분리과세이자소득, 분리
   과세배당소득, 분리과세연금소득 및 분리과세기타소득이 있는 자

(4) 따라서 연간 이자·배당소득 합계가 2천만 원 이하라면 P2P 금융 이자소득에 대해서 따로 5월에 확정신고를 할 필요가 없다.

(5) 이 경우 주의할 점은 이자·배당소득 합계에는 원천징수된 이자소득세를 합산한 금액을 기준으로 하므로 통장에 입금된 금액으로 판단해서는 안 되며, 반드시 원천징수를 한 금융기관에 원천징수 영수증을 조회·발급받아야 한다.

2. 왜 P2P 금융 이자소득은 27.5%인가?

P2P 금융 이자소득이 소득세법상 비영업 대금의 이익에 해당하기 때문이다.

■ 「소득세법 시행령」 제26조

「소득세법 시행령」 제26조 비영업 대금의 이익을 금전의 대여를 사업 목적으로 하지 아니하는 자가 일시적·우발적으로 금전을 대여함에 따라 지급받는 이자 또는 수수료 등으로 한다고 정의되어 있으며, 원천징수 세율은 「소득세법」 제129조에 25%로 규정하고 있다. 여기에 지방소득세가 소득세의 10%로 가산되어 27.5%(=25%+25% x10%)가 되는 것이다.

■ P2P 금융이자 소득의 법령은 다음과 같다.

「소득세법」 제129조(원천징수세율)

① 원천징수의무자가 제127조제1항 각 호에 따른 소득을 지급하여 소득세를 원천징수할 때 적용하는 세율(이하 "원천징수세율"이라 한다)은 다음 각 호의 구분에 따른다.

나. 비영업대금의 이익에 대해서는 100분의 25

「소득세법시행령」 제26조(이자소득의 범위)

③ 법 제16조제1항제11호에 따른 비영업대금(非營業貸金)의 이익은 금전의 대여를 사업목적으로 하지 아니하는 자가 일시적·우발적으로 금전을 대여함에 따라 지급받는 이자 또는 수수료 등으로 한다.

■ P2P 금융에 투자한 이자소득

P2P 금융에 투자한 이자소득에 대한 세금 27.5%는 어떠한 프로세스를 거쳐서 과세가 되는 것일까? 대출자가 원금 100만 원과 이자 8만 원을 상환하는 경우를 살펴보자.

⑴ 8퍼센트는 원금 100만 원을 투자자에게 그대로 돌려주지만 이자 8만 원에 대해서는 비영업 대금의 이익에 해당하므로 27.5%에 해당하는 2만 2천 원을 원천징수하고 나머지 5만 8천 원을 투자자에게 돌려준다. 그리고 원천징수한 2만 2천 원은 다음 달 10일에 신고 납부한다.

⑵ 이 경우 개인이며, 대부업자가 아닌 투자자는 한 해 동안 이자/배당소득 합계가 2천만 원 이하라면 8퍼센트가 원천징수 납부한 것으로 납세의무가 종료되므로 최종 부담 세율은 27.5%가 된다.

⑶ 하지만 이자·배당소득이 2천만 원을 초과하는 경우에는 종합과세가 되므로 다른 소득과 합산하여 종합소득세율을 적용하여 최종 결정세액을 구하고 기납부한 원천징수세액을 차감한 나머지를 납부하게 된다.

P2P 금융 이자소득 과세흐름

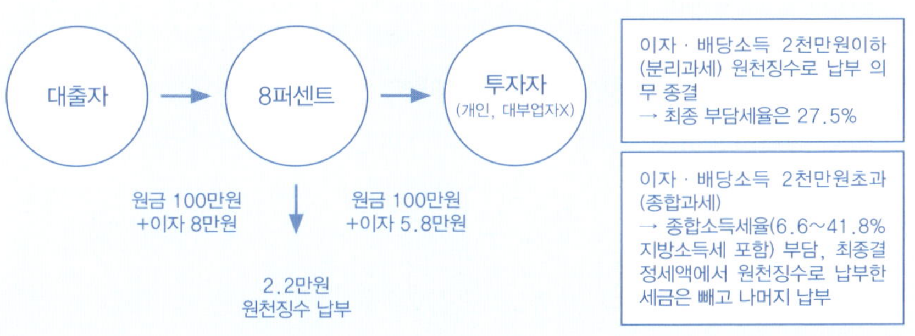

■ P2P 금융 이자소득 과세?

P2P 금융에 대한 투자가 금융상품으로 인정이 되어「소득세법 시행령」제26조의 이자소득의 범위에 명시가 되고, 「소득세법」제129조에서 P2P 금융의 이자소득에 대해서는 14%의 원천징수 세율을 적용한다는 규정이 명시된다면, 세금 문제에서는 기존의 제도권 금융상품과 동일하게 될 것이다.

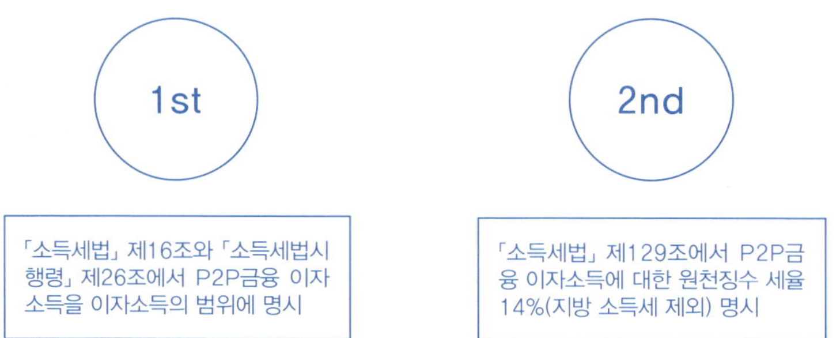

■ 법인 투자

법인의 경우에는 27.5%를 원천징수하지만 실제적으로는 법인세율을 적용하여 법인세액을 계산하고 원천징수세액은 기납부세액으로 차감하고 납부하므로, 결론적으로 부담하게 되는 세율은 법인세율 22%이다.

(1) 법인세율은 과세표준 2억 초과 200억 이하 구간인 20% + 지방소득세 2%를 가정하였다(「법인세법」 제55조 1항). 다만, 현재 법인 투자와 관련한 사항은 대부업 등록을 해야 하는지 여부에 대해 논의가 되고 있는 사항이다.

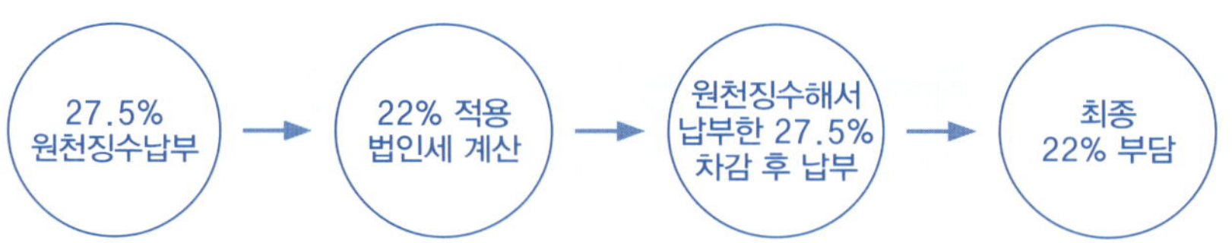

P2P 금융 이자소득 과세흐름

■ **대부업자로 등록 투자**

대부업자의 사업소득에 해당하여 8퍼센트에서 원천징수하지 않고 원금과 이자 전액을 대부업자에게 송금하므로 원천징수하지 않은 이자소득을 그대로 사업수익으로 하여 필요 경비를 차감하고 종합소득세율을 적용하므로 종합소득 과세표준이 4천6백만 원 이하라면, 6.6~16.5%(지방소득세 포함)만 세금을 부담하게 된다.

대부업자등록
대부업자(개인) 투자

원천징수X
사업소득 해당

필요경비 차감후
종합소득세율 적용

⑴ 대부업 등록을 하는 경우에는 대부업 등록비, 대부업교육 비용 등 부가적인 비용이 발생하며, 대부로 인한 이자소득 이외에 사업소득, 근로소득 등이 있다면 종합소득세율은 오히려 더 높아질 수도 있으므로 종합적으로 고려하여 판단해야 한다.

⑵ P2P 금융 이자소득의 과세체계에서는 비영업 대금의 이익으로 27.5%가 적용되므로 분리과세 시에는 27.5%를 최종 부담하게 되고, 종합과세 시에는 변동이 가능하다.

⑶ 절세전략에서는 분산투자로 최대한 세부담을 줄이고 투자금액이 2억을 초과할 정도로 크다면, 법인이나 대부업 등록을 고려해 볼 수 있다.

3. 금융소득이란?

금융소득이란 금융자산의 저축이나 투자에 대한 대가를 말하며, 이자소득과 배당소득을 총칭하는 개념이다.

■ 이자소득

은행, 증권회사, 보험회사, 종합금융회사, 자산운용회사와 농협 및 수협, 신용협동조합, 우체국, 새마을금고 등에서 받는 예금, 적금, 예탁금 등의 이자 및 국채와 공채, 금융채, 회사채 등 채권에서 발생하는 이자와 할인액을 말한다.

「소득세법」 제16조(이자소득)

① 이자소득은 해당 과세기간에 발생한 다음 각 호의 소득으로 한다.

1. 국가나 지방자치단체가 발행한 채권 또는 증권의 이자와 할인액
2. 내국법인이 발행한 채권 또는 증권의 이자와 할인액
3. 국내에서 받는 예금(적금·부금·예탁금 및 우편대체를 포함한다. 이하 같다)의 이자
4. 「상호저축은행법」에 따른 신용계(信用契) 또는 신용부금으로 인한 이익
5. 외국법인의 국내지점 또는 국내영업소에서 발행한 채권 또는 증권의 이자와 할인액
6. 외국법인이 발행한 채권 또는 증권의 이자와 할인액
7. 국외에서 받는 예금의 이자
8. 대통령령으로 정하는 채권 또는 증권의 환매조건부 매매차익
9. 대통령령으로 정하는 저축성보험의 보험차익. 다만, 다음 각 목의 어느 하나에 해당하는 보험의 보험차익은 제외한다.
   가. 최초로 보험료를 납입한 날부터 만기일 또는 중도해지일까지의 기간이 10년 이상으로서 대통령령으로 정하는 요건을 갖춘 보험

나. 대통령령으로 정하는 요건을 갖춘 종신형 연금보험
10. 대통령령으로 정하는 직장공제회 초과반환금
11. 비영업대금(非營業貸金)의 이익
12. 제1호부터 제11호까지의 소득과 유사한 소득으로서 금전 사용에 따른 대가로서의 성격이 있는 것
13. 제1호부터 제12호까지의 규정 중 어느 하나에 해당하는 소득을 발생시키는 거래 또는 행위와 「자본시장과 금융투자업에 관한 법률」 제5조에 따른 파생상품(이하 "파생상품"이라 한다)이 대통령령으로 정하는 바에 따라 결합된 경우 해당 파생상품의 거래 또는 행위로부터의 이익

■ 배당소득

주식 및 출자금에서 발행하는 이익 또는 잉여금의 분배금을 말한다.

「소득세법」 제17조(배당소득)

1. 내국법인으로부터 받는 이익이나 잉여금의 배당 또는 분배금
2. 법인으로 보는 단체로부터 받는 배당금 또는 분배금
3. 의제배당(擬制配當)
4. 「법인세법」에 따라 배당으로 처분된 금액
5. 국내 또는 국외에서 받는 대통령령으로 정하는 집합투자기구로부터의 이익6. 외국법인으로부터 받는 이익이나 잉여금의 배당 또는 분배금
7. 「국제조세조정에 관한 법률」 제17조에 따라 배당받은 것으로 간주된 금액
8. 제43조에 따른 공동사업에서 발생한 소득금액 중 같은 조 제1항에 따른 출자공동사업자의 손익분배비율에 해당하는 금액
9. 제1호부터 제7호까지의 규정에 따른 소득과 유사한 소득으로서 수익분배의 성격이 있는 것
10. 제1호부터 제9호까지의 규정 중 어느 하나에 해당하는 소득을 발생시키는 거래 또는 행위와 파생상품이 대통령령으로 정하는 바에 따라 결합된 경우 해당 파생상품의 거래 또는 행위로부터의 이익

■ 금융소득 종합과세

　금융소득의 종합과세란 개인별 연간(1월1일 ~ 12월31일) 금융소득이 2천만 원을 초과하는 경우, 금융소득을 다른 종합소득과 합산하여 누진세율(종합소득세율)을 적용하여 종합 과세하는 제도를 말한다.

⑴ 금융소득이 연간 2천만 원 이하이거나, 2천만 원을 초과하더라도 2천만 원까지는 본래 원천징수세율(14%, 25%)을 적용하고, 2천만 원 초과하는 금융소득에 대해서만 누진세율(6~38%)을 적용하여 산출세액을 계산한다.

⑵ 금융소득의 과세방법은 크게 3가지로 ①비과세, ②분리과세, ③종합과세로 나눌 수 있는데 과세방법은 아래와 같다.

① 비과세 금융소득

10년 이상 저축성보험의 보험차익이나 개인연금저축의 이자, 배당 등의 금융소득은 과세대상이 아니고, 비과세 금융소득에 해당한다.

② 분리과세 금융소득

분리과세란 일정 소득에 대하여 다른 소득에 합산하여 종합과세 하지 않고, 분리하여 과세하는 것으로 소득의 지급자가 세금을 원천징수함으로써 납세의무가 종결되는 것을 말한다. 일부 고소득 금융소득자를 제외한 대부분의 사람들은 연간 금융소득이 2천만 원 이하이고, 금융기관 등이 금융소득을 지급할 때 원천징수하며 분리과세 되므로 따로 신고 등의 납세의무가 없다고 할 수 있다. 이자소득의 경우 은행으로부터 이자소득을 지급받을 때 은행이 원천징수의무자로 세금을 원천징수함으로써 세금을 신고, 납부한 것과 동일한 효과를 갖는 것이고, 이를 통해 납세의무가 종결하는 것이다. 2천만 원 이하의 원천징수 된 금융소득과 장기보유주

식 배당소득이나 비실명 배당소득 등의 무조건 분리과세 대상 금융소득
은 따로 다른 소득과 합산하여 종합과세 되지 않고, 분리과세로 금융소
득 납세의무가 끝난다.

③ 종합과세 금융소득

연간 2천만 원을 초과하는 금융소득자나 국내에서 원천징수 되지 않은
금융소득자(국외 수취 금융소득) 및 출자공동사업자 분배금을 수령한 금융소
득자는 금융소득을 다른 소득과 합산하여 종합소득세 신고를 하여야 한
다. 종합과세 되는 경우라도 2천만 원까지는 원천징수세율 14%와 25%
등을 적용하여 계산하고, 2천만 원을 초과하는 금융소득에 대해서만 기
본 누진세율 6~38%를 적용하게 된다. 따라서 종합과세 되더라도 2천만
원 이내의 금액은 실질적으로 분리과세와 동일한 효과를 가지고, 2천만
원 초과 금융소득에 대해서만 종합과세 된다.

3

P2P 투자 따라 하기

    P2P 따라 하기 메뉴는 P2P 업체마다 메뉴와 투자 방식이 조금씩 다르지만 운영 방식은 대부분 유사하다. 본 저서에서는 모두펀딩 사이트를 기본으로 쉽게 P2P 투자와 대출, 상환하는 법을 설명하도록 하겠다.

1. 모두펀딩 P2P 투자하기

■ 모두펀딩 홈페이지(http://www.modoofunding.co.kr)에 접속

(1) 회원 가입 → (2) 가상계좌 발급(본인 전용) → (3) 예치금 입금(본인 가상계좌에 입금) → (4) 투자하기(투자물건 선택 후 가상계좌 예치금으로 투자) 후 문자로 회신전송 → (5) 원천징수 정보 입력 → (6) 환급계좌 등록 및 변경(수익금과 원금상환 본인계좌)

⇨ **투자순서**

01. 회원가입
모두펀딩 회원으로 가입하세요.

회원가입

02. 가상계좌 발급
가상계좌를 발급 받으세요.

계좌발급

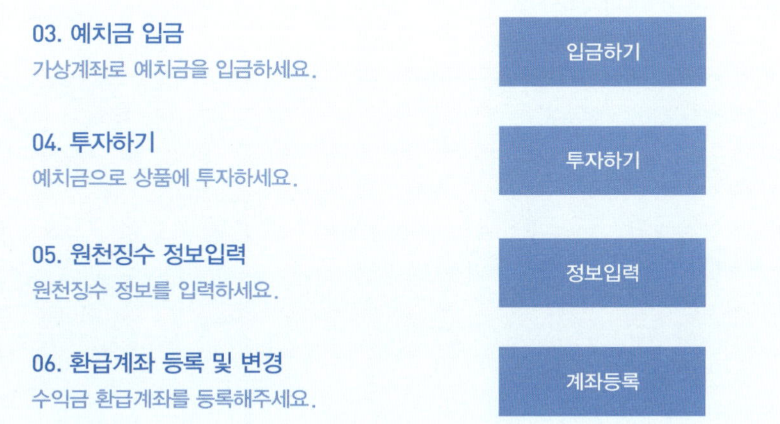

■ 투자 프로세스

투자물건에 관한 정보를 토대로 물건을 검토한 후, 본인 가상계좌에 먼저 입금을 한다. 투자하고자 하는 물건에 투자하기를 선택하면 본인 휴대폰으로 문자전송 확인 요청이 오는데, 이때 숫자 4자리를 입력한 후 전송을 누르면 실 투자까지 진행된다. 약정된 기간 동안 약정된 이자가 수취통장으로 입금되고, 약정 만기일에 실투자금이 상환되며 투자가 마감된다.

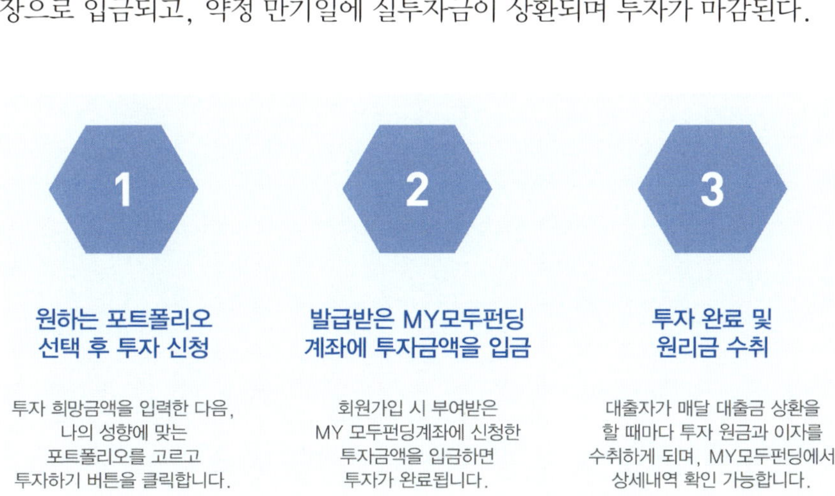

■ 모두펀딩 투자 장점

안정적인 최적의 투자처
부동산을 담보로 한 P2P 대출서비스. 모두펀딩의 모든 상품은 부동산 담보권설정을 통해
안전한 투자가 가능하며 소액으로도 부동산 투자가 가능

매입보증제도 및 질권대출 실시
대출 발생시 부실채권 매입에 대한 전문회사의 매입보증약정이 진행이 되며 또한 저축은행
질권대출을 통한 원금 회수가 진행되므로 0% 부실률 가능

세이프티존 안전 감정 시스템 운영
부동산 시세변동 알림 시스템 등 확률분석 시스템으로 안전한 세이프티존을 책정하는 모두
펀딩만의 투자평가 시스템 운영

투자금 상환 시스템
투자된 채권이 만기 또는 회수 후 인출 가능한 시스템 운영

■ **투자수익금 지급**

약정된 기일에 투자자가 지정한 통장에 약정한 개월 동안 약정된 이자를
회차별로 지급해 주며 약정된 상환기일에 투자원금을 상환해 준다. 투자금액
에 대한 투자수익률을 연평균수익률, 예상수익률 등 세부적으로 알 수 있다.

2. P2P 사이트 접속 투자하기

모두펀딩 홈페이지www.modoofunding.co.kr접속 → 회원 가입 → 상단메뉴에
서 대출하기 메뉴를 선택 → 대출상품 및 희망대출금액 희망대출기간이 게시
→ 투자자가 투자 마감 → 대출받는 계좌에 대출금 입금 → 대출하기 종료

- 모두펀딩 회원 가입(개인/법인)을 신청

- 가상계좌를 발급을 위해 '회원정보'에서 정보 입력 후 본인 인증

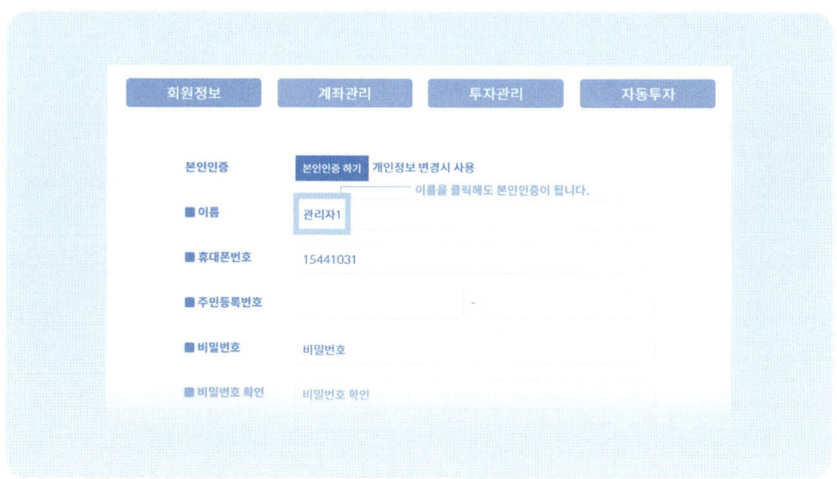

■ '계좌관리'에서 가상계좌 발급은행을 선택하고 발급받기 클릭

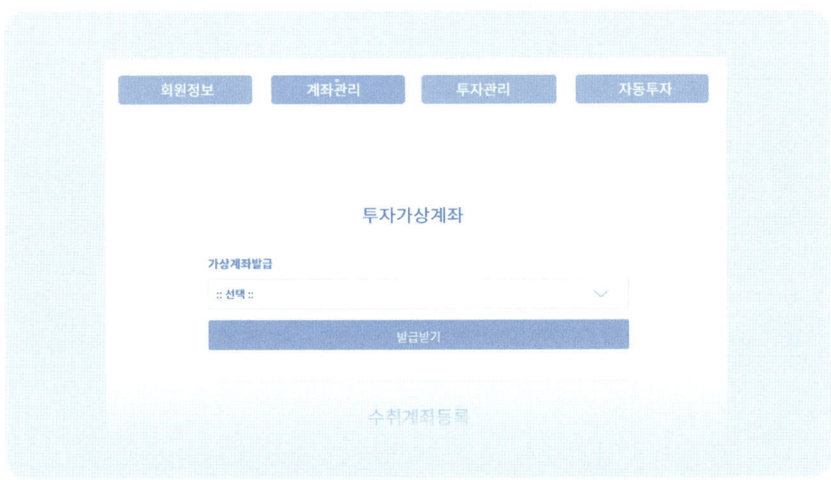

■ 발급받은 개인 가상계좌에 투자금액을 입금

■ '투자하기'에서 투자할 상품을 선택한 후 투자하기 버튼 클릭

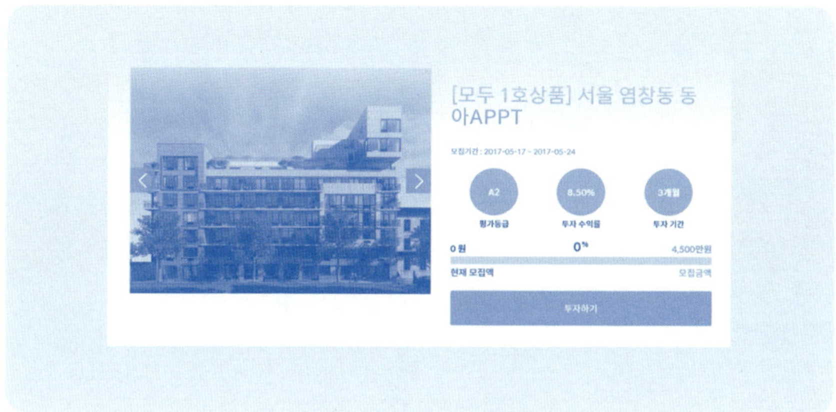

■ 투자신청서의 신청 내용들을 입력한 후 투자하기 버튼 클릭

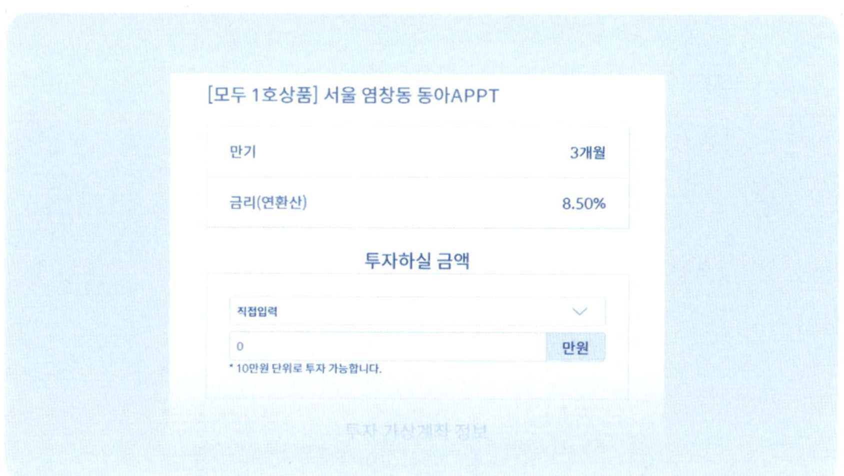

■ 투자위험 고지 안내 내용을 숙지한 후 "동의함"을 빈칸에 문자 입력 후
투자확정 버튼 선택

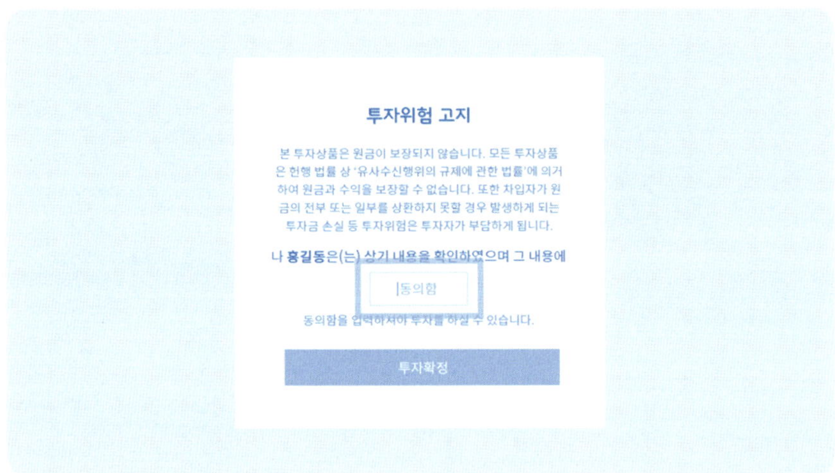

■ 휴대폰으로 전송된 SMS의 내용에 따라 요청된 숫자를 눌러 회신하면
투자가 완료

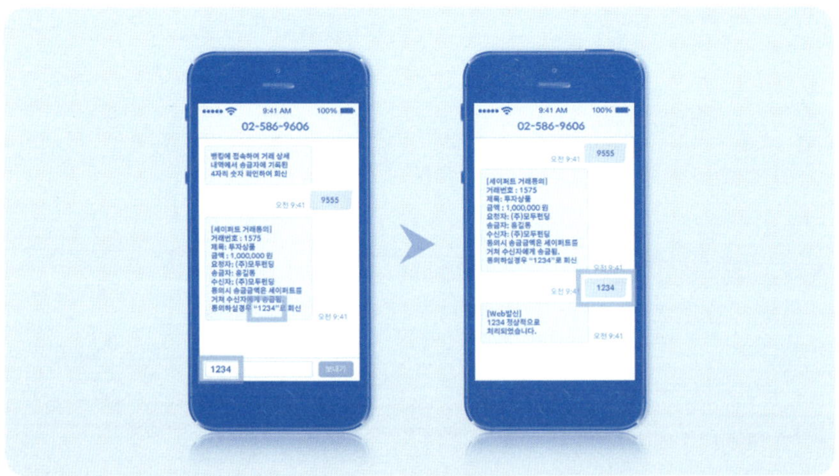

3. 대출 프로세스

■ 모두펀딩 대출 장점

저금리 대출 제공
부동산을 담보로 한 P2P 대출서비스. 부동산만 보유하고 있으면 저축은행 대부업보다 저금리로 대출 가능

대출연장신청 가능
대출 후 부동산 시세변동 여부에 대한 재감정 후 연장 가능

대출신청자격의 자유로움
모두펀딩은 신용등급에 상관없이 신청이 가능하며, 대출 후에도 신용등급에 영향 없음

자유로운 중도 상환
모두펀딩은 대출자가 대출 신청시 12개월까지 자유롭게 언제든 상환을 하여도 중도상환 가능

■ 대출 프로세스

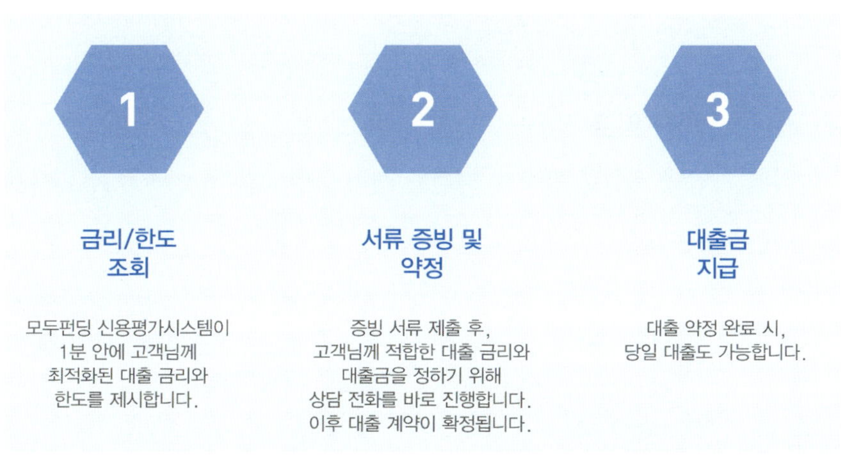

■ 모두펀딩 대출 가이드

온라인 신속/간편 대출	신용도 영향없음
온라인으로 1분안에 대출 신청 가능합니다.	대출로 인한 신용등급은 타금융권에 영향을 주지 않습니다.
중도 상환 수수료 면제	중금리 대출 가능
대출 후 만기전에 언제든지 자유롭게 상환가능합니다.	2금융/소비자금융권보다 낮은 금리로 이용가능합니다.

■ 대출하기 이자 입금

　약정된 기일에 개설된 통장에 약정한 개월 동안 약정된 이자를 전용계좌로 입금을 하고 약정된 상환기일에 대출원금을 상환한다.

4. 채권 추심 과정

1. 연체 발생 시 다음과 같이 채권추심(회수)절차를 진행한다. 대출원금 이상 매각이 가능한 경우, 채권매각을 통해 투자자들의 회수 기간을 최소화한다.

채권(NPL) 매각	담보 목적물 경공매	이해관계인 재산압류/강제집행
NPL매입전문회사 (매입추심업체) 채권매각 후 매매자금 원리금수취권 변제하는 방법으로 회수기간 최소화	담보권을 원인으로 목적 물 처분 후 배당 (배분)금으로 원리금 수취권 변제하는 방법으로 회수기간 약 8~12개월 소요	목적물 처분 후에도 미상환원금이 존재하는 경우 대출자/이해관계인 재산조사 후 강제집행을 통한 추가 회수조치 (별도 비용 발생)

2. 채권매각을 하는 경우 추가적인 "이해관계인 재산압류/강제집행" 추심이 불가하여, 대출진행 원금 이상에 매각되도록 노력할 것이며, "담보 목적물 경·공매" 기간의 장기화가 우려되는 경우 원금 손실이 최소화될 수 있는 채권매각을 추진한다.

■ **채권 추심 경매 진행절차**

1. 경매신청 및 경매개시 결정 ⇨ 2. 배당요구의 종기결정 및 공고 ⇨ 3. 매각의 준비 ⇨ 4. 매각 및 매각 결정기일의 지정, 공고 ⇨ 5. 매각의 실시 ⇨ 6. 매각허부 결정절차 ⇨ 7. 매각대금의 납부 ⇨ 8. 배당절차 ⇨ 9. 소유권 이전등기

■ 경매 진행 종료 과정

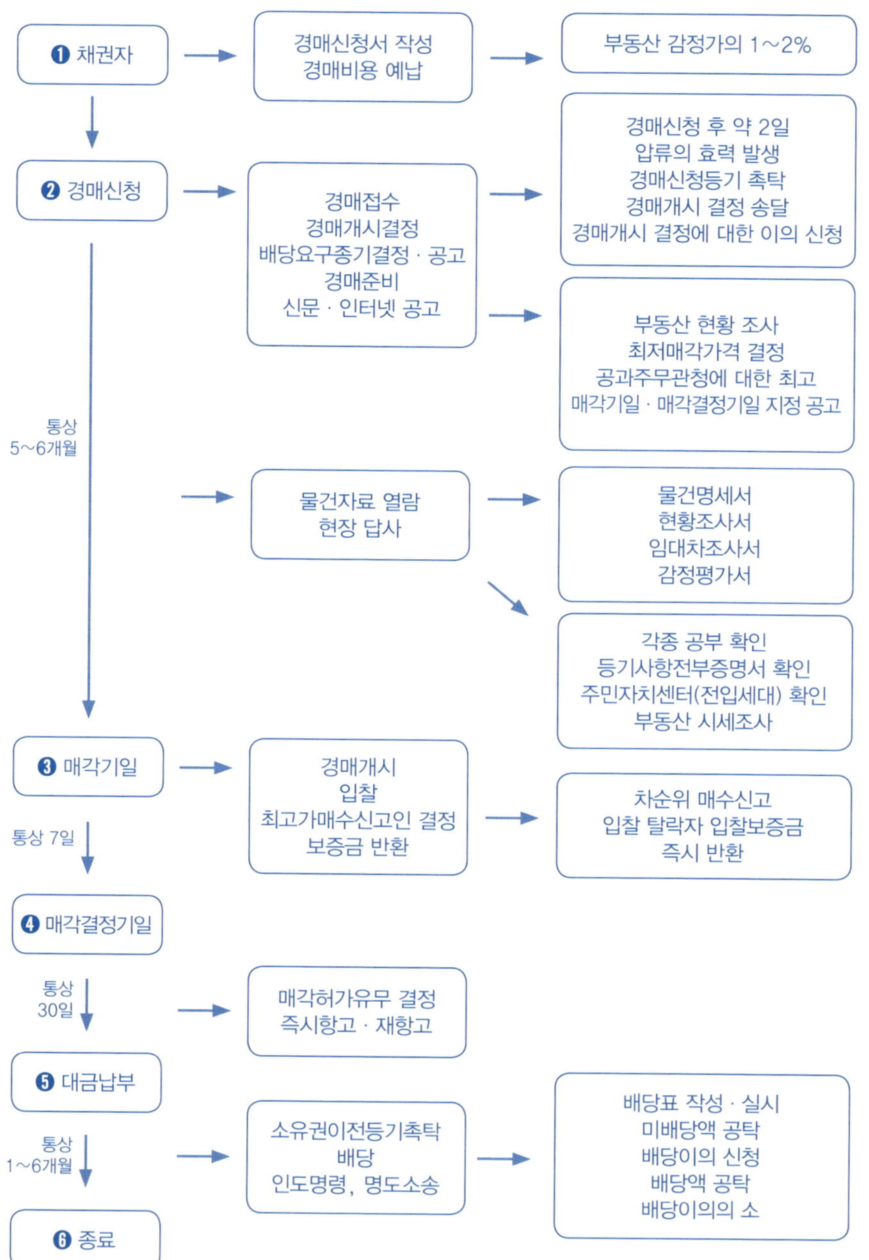

5. 모두펀딩 문의

투자 문의, 대출 문의는 자세히 받을 수 있다.

• 투자 문의

이메일   modoofund@modoofunding.co.kr

전　화   1577 - 4187

팩　스   02 - 522 - 7719

운영시간   평일 오전 10시 ～ 오후 6시

· 대출 문의

이메일   modooinfo@modoofunding.co.kr

전　화   1577 - 4187

팩　스   02 - 522 - 7719

운영시간   평일 오전 10시 ～ 오후 6시

부록
P2P 금융 용어
이해하기

P2P 금융 용어 이해하기

금융의 기본 용어와 P2P 금융과 연관된 용어를 숙지하고 이해한다면 부동산 금융투자 상품에 대한 자신감으로 안정적이고 수익성 물건에 실전 투자까지 성공하여 재테크에 성공할 수 있을 것이다.

• 금리

원금에 지급되는 기간당 이자를 비율로 표시한 것으로, 빌려준 돈이나 예금 등에 붙는 의미로 '이자율'이라는 표현을 사용하기도 한다. '금리 부담이 크다'는 말에서 금리는 이자와 같은 의미로 사용되고 있고, '금리가 높다'고 말할 때는 금리가 이자율과 같은 의미로 사용된다. 이자의 크기는 기간에 따라 달라지기 때문에 이자율을 표시할 때는 기간을 명시하게 되는데, 보통 1년을 기준으로 한다.

금리는 주식가격이나 주택가격에도 영향을 준다. 금리가 내려가면 자금조달비용이 낮아지기 때문에 주식이나 주택을 구입할 수 있는 능력이 커진다. 이와 같이 금리는 경제활동과 물가에 영향을 주고 외국과의 금리 차이가 국가 간 자본이동에도 영향을 주기 때문에 환율에도 영향을 준다.

• 금융투자업Financial Investment Business

이익을 얻을 목적으로 계속적이거나 반복적인 방법으로 행하는 행위로서 투자매매업, 투자중개업, 집합투자업, 투자자문업, 투자일임업, 신탁업 중 어느 하나에 해당하는 업을 말한다.

• 공증

특정한 사실 또는 법률관계의 존재를 공적으로 증명하는 행정 행위로, 국가나 공공단체의 공적인 자격을 가진 공증인이 그 직권으로 특정한 법률 사실 또는 법률관계의 존부(存否)를 공적으로 증명한다.

• 근저당권 설정

채무자와 계속적인 거래 관계로부터 발생하는 다수의 채권을 장래의 결산기에 일정한 한도액까지 담보하기 위해 부동산등기부에 설정하는 저당권을 말한다. 채권 최고 금액을 한도로 장래의 결산기(연체 등으로 부동산의 경매를 신청하는 시기)에 채권금액이 정해지며, 설정되는 순서에 의해 우선순위가 결정된다.

• 가등기

부동산 물권 또는 임차권의 설정, 이전, 변경, 소멸의 청구권을 보전하려 할 때 또는 그 청구권이 시기부, 조건부이거나 장래에 있어 확정될 것일 때 그 본등기의 순위보전을 위하여 설정하는 권리이다.

• 가산금리[57]

채권이나 대금금리를 정할 때 기준금리에 덧붙이는 위험가중(업무원가, 법적비용, 위험프리미엄, 목표이익률, 가감조정금리 등) 금리를 뜻하며, 고객의 신용

---

57) 가산금리를 구성하는 주요 항목은 다음과 같다.
- 업무원가 : 대출 취급에 따른 은행 인건비 · 전산처리비용 등
- 법적비용 : 보증기관 출연료와 교육세 등 각종 세금
- 위험프리미엄 : 고객의 신용등급, 담보 종류 등에 따른 평균 예상 손실비용 등
- 목표이익률 : 은행이 부과하는 마진율
- 가감조정금리 : 은행 본점이나 영업점장 전결 조정 금리 등
- 기타 대출 기준금리와 은행 자금조달금리 차이 조정 등

등급 거래조건, 담보조건 등에 따라 금리에 차이가 날 수 있다.

• 기준금리[58]

대출금리 산정의 기준이 되는 금리이다. 중앙은행인 한국은행 안에 설치된 금융통화위원회에서 매달 회의를 통해 결정하는 금리이다. 한국은행이 제시하는 기준금리가 중요한 이유는, 한국은행은 채권의 매매나 금융기관의 지급준비율 또는 재할인율 등의 통화정책으로 통화량이나 물가, 나아가 금리에 영향을 주기 때문이다. 이런 이유로 한국은행에서 기준금리를 발표하면 시중 은행을 포함한 금융기관들은 이를 기준으로 하여 각각 금리를 책정하게 된다. 따라서 한국은행이 기준금리를 올리면 시중 금리도 상승하고, 기준금리를 낮추면 시중 금리도 떨어진다.

• 대출 기준금리

은행의 대출금리 결정 시 기준이 되는 금리로서, 은행은 자행의 자금조달비용과 관련성이 높은 COFIX, CD 금리 등 공표되는 금리를 대출 기준금리로 사용하고 있다. 은행의 대표적인 대출 기준금리는 다음과 같다.

- COFIX : 은행연합회가 국내 주요 8개 은행의 자금조달금리를 가중평균하여 발표하는 자금조달비용지수로서 "신규취급액기준 COFIX", "잔액기준 COFIX", "단기 COFIX"의 3종류가 있음(세부내용은 은행연합회 홈페이지 COFIX 소개 참조)

58) 2008년 2월까지 한국은행은 금융통화위원회에서 콜금리 운용 목표치(정책금리)를 결정하였다. 콜금리 목표치를 낮춘다는 것은 콜시장에 자금을 공급한다는 것이고, 이것은 통화량이 증가하는 것으로 해석할 수 있다. 그러나 2008년 3월부터 정책금리를 기준금리로 바꾸었다. 기준금리는 한국은행의 환매조건부채권 매매, 대기성 여·수신 등 금융기관 간 거래의 기준이 되는 금리를 의미한다. 그렇지만 이 기준금리도 운용 목표치에 불과하다. 실제로 자금 시장에서 거래되는 다양한 금리는 기본적으로 자금의 수요자와 공급자에 의해 결정된다.

- CD 금리 : 금융투자협회가 발표하는 양도성 예금증서CD, Certificate of Deposit의 유통수익률로서 3개월 CD 금리가 대표적인 단기 기준금리임
- 금융채 금리 : 금융기관이 발행하는 무담보 채권의 유통금리로서 민간 신용평가기관이 신용등급별, 만기별로 발표

• 대출금리 종류

대출금리 종류에는 크게 고정금리 방식, 변동금리 방식, 혼합금리 방식의 3가지가 있다.

종류	운용 형태	특징	장점 / 단점
고정 금리	금리 / 기간	대출 실행시 결정된 금리가 대출 만기까지 동일하게 유지	(장점) 시장금리 상승기에 금리 인상이 없음. 대출 기간 중 월이자액이 균일하여 상환계획 수립 용이 (단점) 시장금리 하락기에 금리 인하 효과가 없어 변동금리보다 불리. 통상 대출 시점에는 변동금리보다 금리가 높음
변동 금리	금리 / 기간	일정 주기(3/6/12개월 등)마다 대출 기준금리의 변동에 따라 대출 금리 변동	(장점) 시장금리 하락기에 이자 부담 경감 가능. 통상 대출 시점에는 고정금리 방식보다 금리가 낮음 (단점) 시장금리 상승시 이자 부담 증가될 수 있음
혼합 금리	금리 / 고정금리 구간 / 변동금리 구간 / 기간	고정금리 방식과 변동금리 방식이 결합된 형태(통상 일정기간 고정금리 적용 후 변동금리 적용)	금융소비자의 자금계획에 맞춰 운용 가능

- **대환대출**

  금융기관에서 대출을 받아 이전의 대출금이나 연체금을 분할상환해 주는 방식으로, 신용불량자 또는 신용카드 대금 연체자가 연체금을 장기대출로 바꾸어 분할 납부하도록 하는 제도이다.

- **대출 비율**LTV: Loan to Value Ratio

  담보 평가액과 대출금액과의 비율을 뜻하며 흔히 'LTV'이라고도 하며, 담보 평가액은 KB 아파트 시세, 담보 감정 가격 등으로 산정한다.

- **만기 일시상환**

  대출기간을 정하고 정한 기간 중에는 이자만 내다가 대출 만기일에 원금을 한꺼번에 갚는 대출 방식으로, 원금을 분할하여 상환하는 방식보다 총 대출기간 중 이자를 납부해야 할 이자총액이 많으므로 부담이 더 큰 편이라고 볼 수 있다.

  ※ 'DSR' 총부채 원리금상환비율과 'DTI' 총부채 상환비율의 설명

  'DSR'은 'Debt Service Ratio'의 약자로 '총부채원리금상환비율'을 말한다. 즉, '연간 소득 대비 대출원리금 상환액 비율'을 의미하며, 나의 금융부채에 대한 원리금 상환액을 포함한 부채 상환 능력을 평가하는 자료로 사용된다. 이를 수식으로 표현하면 "총부채원리금상환액비율(DSR) = 총부채 연간 원리금상환액 / 개인 연 소득액"이다.

  'DTI'는 'Debt To Income'의 약자로, '총부채상환비율'을 말하는데, 즉 내 총소득에서 부채의 연간 원리금 상환액이 차지하는 비율이다. DTI가 '주택담보대출의 연간 원리금상환액'과 함께 '기타 부채의 연간 이자상환액 기준'으로 대출가능금액을 산출한다면, DSR은 '주택담보대출의 연간 원리금

상환액'에 추가하여 '기타 부채의 연간 원리금상환액 기준'으로 대출가능금액을 산출하는 것이다. 즉, DSR은 DTI에는 없는 신용카드 할부금이나 자동차 할부금, 마이너스통장 대출 등도 보는 것이다.

• 부동산 금융

부동산 금융이란 여러 금융 분야 중 부동산 분야에서의 자금의 융통을 말한다. 부동산 금융에는 공급자 금융과 수요자 금융이 있으며, 저당대부는 주로 수요자 금융을 의미하고 건축대부는 공급자 금융을 의미한다.

• 부동산 신디케이트

여러 명의 투자자가 부동산 전문가와 함께 공동의 부동산 프로젝트를 수행하는 것을 말한다. 부동산에 대한 직접투자이며 지분금융의 하나에 해당한다. 부동산 신디케이트가 합자회사의 구조를 갖는 경우 개발업자는 해당 사업에 대한 무한책임 사원으로서 관리나 운영 등의 책임을 지며, 투자자는 투자한도 범위 내에서만 책임지고 출자비율에 따라 배당을 받게 된다.

• 부동산펀드 Real Estate Fund

다수의 투자자로부터 자금을 모아 집합투자기구를 설립하고, 이를 중심으로 부동산 및 관련 대출·유가증권 등에 투자하는 부동산 간접투자 상품을 의미한다. 넓은 의미의 부동산 펀드로는 「부동산투자회사법」상의 부동산투자회사(리츠), 「자본시장과 금융투자업에 관한 법률」에 의한 부동산집합투자기구, 외국계 투자펀드 등을 포함하지만, 일반적으로 국내에서는 좁은 의미의 부동산펀드로서 「자본시장법」상의 부동산집합투자기구만을 의미한다.

• 부동산투자신탁

불특정 다수의 투자자들로부터 자금을 모집하여 이를 부동산 소유지분을 취득하거나(부동산에 투자하거나) 주택저당증권MBS에 투자 또는 부동산 관련 대출을 하여 얻어지는 수익을 투자자에게 배분하여 주는 부동산 간접투자 상품이다. 부동산투자신탁회사시장은 1990년대 중반 이후 급성장하였으며, 우리나라는 2001년 3월「부동산투자회사법」제정을 통해 부동산투자신탁회사 제도를 도입하였다.

• 분할상황방식 주택담보대출(만기 10년 이상)

주택을 담보로 하여 취급된 가계대출 중 원금을 대출기간 동안 나누어 상환하는 형태의 대출로서 만기 10년 이상인 대출을 말한다.

• 실금리

대출약정에 표기한 금리를 기준으로 수수료와 부대비용 등 실제로 부담하는 이자를 포함한 금액을 말한다. 상환 방식에는 원리금균등분할상환, 만기 일시상환, 원금균등분할상환 등이 있으며 상환 방식에 따라 금리 적용이 달라진다.

• 소득수지

근로자가 외국에 나가 일해서 벌어들인 돈과 국내에서 근무한 외국 근로자에게 지급한 돈의 차이와 해외투자 결과 발생한 배당 및 이자와 국내에 투자한 외국투자자에게 지급한 배당 및 이자소득 차이이다.

- **선물**

  상품거래소를 통하여 현재의 시점에서 장래의 일정한 시기에 상품을 인수도할 것을 약정했다가 인도 기일이 도래하기 전에 반대매매를 통해 차금을 결제하거나 또는 인도 기일이 도래한 후실물을 인수도함으로써 계약을 종결하는 거래 방식으로, 선물 거래는 미래의 가치를 팔고 사는 행위로 볼 수 있다.

- **사모**

  은행, 보험회사, 금융투자업자 등의 기관투자가나 특정 개인에 대한 개별적 접촉을 통해 자금을 모집하는 방식을 말한다. 공모에 비해 시간과 비용이 절약되고, 기업 내용을 공개하지 아니할 수 있으며, 매입자 입장에서 유리한 조건으로 대량의 증권을 취득할 수 있다는 이점이 있다. 원칙적으로 사모 발행은 증권신고서를 제출할 필요가 없지만, 사모 발행이라 하더라도 전매 가능성이 있는 경우에는 사실상 모집(공모)과 동일한 효과를 발생시키므로 모집으로 간주(간주모집)하여 증권신고서 제출의무를 부과한다.

- **사모투자전문회사**PEF: Private Equity Fund

  기업에 대한 경영권 참여 목적의 투자를 통해 경영 참여, 사업구조 또는 지배구조 개선의 방법으로 투자기업의 가치를 높여 그 수익을 사원에게 배분하는 것을 목적으로 하는 상법상 합자회사 형태의 펀드를 의미한다. 경영 참여 목적의 투자란 투자대상 회사의 주식·출자지분 10% 이상 보유 또는 이사 임면 등 실질적 경영 참여가 가능한 투자를 의미한다. 사모투자전문회사는 무한책임사원(업무집행사원)과 유한책임사원으로 구성되며, 경영 참여 목적의 투자라는 운용 제한이 있는 대신 운용자에 대한 제한이 없어 일반 펀드와 달리 자산운용사가 아닌 자도 운용을 담당하는 업무집행사원이 될 수 있다.

• 소비자물가

전국 도시의 일반 소비자 가구에서 소비 목적을 위하여 구입한 각종 상품과 서비스에 대해 그 전반적인 물가수준 동향을 측정하는 것이며, 이를 통해 일반 소비자 가구의 소비생활에서 필요한 비용이 물가 변동에 의해 얼마나 영향을 받는가를 나타낸 수치이다.

• 신용등급

개인에 대한 각종 신용 정보를 종합하여 신용도를 숫자로 나타낸 것이다. 주로 식별 정보, 소득 정보, 거주 형태 등 고객에 대한 신상정보와 금융회사가 가지고 있는 여수신 정보를 바탕으로 산출한다.

• 신용대출

개인의 신용등급을 기준으로 상환능력(연봉 및 월 수익)을 평가해 담보 없이 신용으로만 금융기관에서 대출을 실행하는 상품이다.

• 신용보험

채권자로부터 보험료를 받고 불특정다수의 채무자와 거래하다가 입은 손해를 보상한다. 서울보증보험(주)이 '크레디트카드 신용보험'을 판매하는데, 크레디트카드에 의해서 신용으로 판매하다가 그 대금을 회수하지 못하면 보험회사가 그 손해를 보상한다.

- ### 상품유가증권

  단기매매차익을 획득할 목적으로 취득하는 주식, 채권 등 유가증권이다. 단, 주식은 시장성이 있는 것에 한하며, 만기까지 보유할 목적으로 취득한 채권 및 부도발생 등으로 감액 대상이 되는 채권 등은 제외이다.

- ### 원금 만기 일시상환

  매월 원금에 대한 이자만 납입을 하고 최종 대출 반환일에 마지막 이자와 원금을 함께 납입하는 방식이다. 다른 방식으로는 원리금 균등분할상환과 원금균등분할상환이 있다. 원리금 균등분할상환은 이자와 원금을 합친 금액이 매월 같도록 계산하는 방식으로, 금액은 같지만 초기에는 이자의 비율이 높고 시간이 갈수록 원금의 비율이 높아진다. 원금균등분할상환은 매월 동일한 액수를 원금에서 갚아 나가며, 갚고 남은 금액에 대한 이자를 다음에 납입하는 방법이다.

- ### 원금균등분할상환 햇살론

  원금은 매월 일정한 금액(대출원금/대출기간)으로 나누어서, 1,000원 단위로 상환하고 우수리가 있을 경우에는 최종 회차 할부원금에 가산하고 이자는 대출 잔액에 대하여 매월 후이자로 납부하는 방식으로 상환금액(원금+이자)이 점점 줄어들게 된다.

- ### 월가처분 소득

  대출을 받은 상태에서 "한 달 동안 실제로 쓸 수 있는 금액 = 개인소비 + 개인저축 or 월매출 − 상환액 − 생활비"이며, 한 달 동안 벌어들인 돈에서 생활비와 대출금을 상환하고 남은 금액이다.

- **양도담보 계약**

채무자가 동산 또는 채권을 담보로 하여 채권자에게 양도한 뒤 일정한 기간 내에 채무자가 변제를 하지 않으면 채권자는 그 목적물로부터 우선변제를 받게 되지만, 변제하면 그 소유권을 다시 채무자에게 반환하는 담보제도로 이에 대한 내용에 관하여 체결한 계약을 문서로 기록한 것이다.

- **원리금**

원금과 이자를 뜻하며, 원금은 대출을 받은 실제 금액이고 이자는 대출을 받은 금액에 대한 대가로 지급하는 약정한 일정한 비율의 돈이다.

- **원리금 균등분할상환**

상환원금과 이자를 합하여 만기일까지 매월 같은 금액으로 상환하고 상환원금에 단수가 있을 경우 최종 회차 할부금에서 정산하는 방식으로, 대출 초기에 상환부담을 줄일 수 있다.

- **원리금 수취권**

투자한 원금과 이자를 받을 수 있는 권리로서, 대출이 성사된 이후 대출금을 빌려준 사람이 빌린 사람으로부터 원금과 이자를 받을 수 있는 권리이다.

- **여신금융기관**

금융관련법령을 근거로 인·허가를 받아 금전의 대부 또는 그 중개, 어음할인·양도담보, 그 밖에 이와 유사한 방법에 의한 금전의 교부 및 금전 수수의 중개를 업으로 하는 자로, 은행법상의 은행, 상호저축 은행상의 상호저축은행, 신용협동조합상의 신용협동조합, 여신전문금융법상의 신용카드업자 · 시설대여업자 · 할부금융업자 · 신기술사업금융업자, 보험업법상의 보험회사 등이 있고 P2P 금융업도 대부업 등록을 해야 한다.

• 임의경매

담보권의 실행을 달성하기 위하여 하는 집행하는 경매로서 일반채권자에 의한 강제경매는 "통상의 강제경매", 담보권의 실행을 위한 경매는 "담보권 실행경매"라고 구별하고 있다. 이들 두 경매 사이의 근본적 차이는 "통상의 강제경매"의 신청에는 집행권원이 필요하나 "담보권 실행경매"에서는 집행권원을 필요로 하지 않는다는 점이다.

• 예탁금

투자자들의 유가증권의 매매거래 등과 관련하여 고객으로부터 받아 일시 보관 중인 금전을 말하며, 위탁예수금, 청약자예수금, 저축자예수금, 환매조건부 예수금, 자기신용대주담보금, 신용거래 구좌설정보증금 등이 있다.

• 원천징수

이자소득 또는 근로소득, 배당금액 등 소득이 발생할 경우 세법에서 정한 이율에 따라 소득에 대한 이자를 지급의무자가 먼저 공제하는 것으로, 조세의 징수 방법 중 하나이다. P2P 투자를 통해 얻은 이자수익도 원천징수에 해당되어 차감 후 지급된다.

• 조인트 벤처

특정 목적의 부동산 벤처사업을 공동으로 영위하기 위한 자연인이나 법인의 결합체로 구성된 공동벤처회사를 말한다. 신디케이션은 수많은 소액 투자자로 구성되지만, 조인트벤처는 소수의 개인이나 기관투자자로 구성된다. 조인트벤처는 주로 부동산개발업자와 대출기관 사이에 형성된다. 이때의 대출기관은 저당투자자가 아닌 지분투자자의 일원으로 대상개발사업에 참여하게 된다.

● **재무제표**

기업 경영 활동으로 발생한 재산과 이익 변화와 같은 재무 정보를 회계원칙에 따라 제공하는 재무 보고서로, 기업이 사업 진행 성과와 손실과 이익은 어떻게 처리했는지 등을 확인할 수 있다.

● **질권설정**

채권자가 채권의 담보로서 채무자 또는 제삼자로부터 받은 담보물권을 우선 회수할 수 있는 권리를 설정하는 권원으로, 근저당권에 질권을 설정할 경우 질권설정 금액까지 해당 부동산의 경매·공매 등을 통해서 현금화되는 금액을 질권설정자가 근저당권자보다 우선 배당받을 수 있다.

● **증권투자신탁재산**

일반투자자로부터 투자자금을 모아 전문투자대행기관이 투자를 한 후 여기에서 생긴 수익을 일반투자자에게 나누어준 상품을 '증권투자신탁'이라고 하며, 이때 일반 투자자들이 모은 자금으로 운용되는 자산을 '증권투자신탁재산'이라고 말한다.

- **채권 · 채무**

'채권'은 권리자(돈을 빌려준 사람)가 다른 의무자(돈을 빌린 사람)에 대하여 특정한 행위(급부)를 청구할 수 있는 권리를 말하며, '채무'는 그 급부를 하여야 할 의무를 말한다.

- **채무불이행 위험**

차입자가 원리금을 상환하지 않을 위험으로서 대출자가 부담하는 위험을 말한다.

- **채권추심**

금융거래나 상거래 과정에서 발생한 금전채권에 대하여 정당한 사유 없이 채무 내용대로 돈을 지불하지 않는 경우, 이를 이행할 것을 촉구하는 것이다.

- **크라우드펀딩**

후원 · 기부 · 대출 · 투자 등의 목적으로 자금이 필요한 개인 · 단체 · 기업의 웹이나 모바일 네트워크 등을 이용해 다수의 개인(불특정 다수)으로부터 자금을 모으는 것을 말하며, 소셜 네트워크 서비스SNS를 통해 참여하는 경우가 많아 '소셜 펀딩'이라고도 한다. 크게 대출형 · 투자형 · 후원형 · 기부형으로 나눈다.

- **프로젝트 파이낸싱**(P/F 대출)

사업주의 신용이나 담보물의 가치에 기초하지 않고 사업의 수익성을 담보로 하여 자금을 융통하는 금융기법을 말한다. 이는 사업주와 프로젝트가 분리되어 프로젝트가 도산하더라도 프로젝트로부터 발생하는 현금 흐름이나 자산의 범위에서 채권 청구가 가능하며, 금융기관이 사업주에게 채권을 청구할 수 없는 비소구[59] 금융이다. 그러나 실제로는 여러 가지 형태의 보증이나 보험이 대출자로부터 요구되는 제한적 소구가 일반적이다.

- **표면금리**Coupon Rate

대출 받은 채권의 약정서에 적는 약정 기일에 기한 일정 기간 연간이자 지급률을 채권 표면에 적는 실제이자율을 뜻한다.

- **파생상품**

환율이나 금리, 주가 등의 시세변동에 따라 손실위험을 줄이기 위해 미래 일정 시점에 일정한 가격으로 상품이나 주식, 채권 등을 거래하기로 하는 일종의 보험성 금융상품으로 선도거래, 선물, 옵션, 스와프로 크게 4가지 유형으로 나뉜다.

- **핀테크**

금융을 뜻하는 '파이낸셜financial'과 기술을 뜻하는 '테크놀로지technology'의 합성어로 모바일, 소셜네트워크서비스SNS, 빅데이터 등의 첨단 기술을 활용해 기존 금융 기법과 차별화된 새로운 형태의 금융기술을 의미한다. 즉, 점포 중심의 전통적 금융 서비스에서 벗어나 소비자 접근성이 높은 인터넷, 모바일 기반 플랫폼의 장점을 활용하는 송금, 결제, 자산관리, 펀딩 등 다양한 분야의 대안적인 금융 서비스다.

---

59) 구상권(求償權) 범위를 담보물로 한정하기 때문에 담보물 이외에는 채무가 면제되는 융자다. 채권자가 프로젝트회사 도산 시 프로젝트로부터 발생하는 현금 흐름이나 자산의 범위 내에서 청구가 가능하나 사업주에 대해서는 청구할 수 없거나, 미리 약정이 된 경우 그 범위에 한해서만 청구 가능하다.

- **팩토링 채권**

일반기업이 상거래와 관련하여 취득한 외상매출채권을 금융기관이 기업체로부터 매입하는 형태로 대출한 채권을 말한다.

- **환매**

매도인이 일단 매각한 목적물에 대하여 대가 상당의 금액을 매수인에게 지급하고 이것을 환매하는 계약이다. 매도인이 매매계약과 동시에 특약에 따라 유보한 환매권에 의거하여 매수인이 지급한 대금 및 매매의 비용을 반환하여 매매를 해제하는 것을 가리킨다.

- **환매조건부채권 매도/매수**

일정한 기간 후에 일정한 금액으로 다시 매수(또는 매도)한다는 조건으로 채권을 매도(매수)하는 조건부 채권매매 거래를 말하며, 환매는 사용 주체에 따라 '조건부 매각'과 '조건부 매수'가 된다.

- **1차 저당 시장**

저당 대출을 원하는 자금 수요자와 저당 대출을 제공하는 금융기관으로 이루어지는 시장을 말한다.

- **2차 저당 시장**

저당 대출을 제공하는 금융기관과 일반투자자들 사이에 저당을 사고파는 시장을 말한다. 즉, 저당 유동화가 이루어지는 시장을 말한다. 1차 저당 대출자들은 1차 저당 시장에서는 자금의 공급자가 되지만 2차 저당 시장에서는 자금의 수요자가 된다. 1차 저당 대출자들은 저당 채권을 자신들의 자산 포트폴리오의 일부로 보유하기도 하고, 자금의 여유가 없을 때는 2차 저당 시장에 팔기도 한다. 저당 유동화에 결정적인 역할을 하는 시장이다. 즉, 2차 저당 시장이 없다면 1차 대출 기관들은 자금이 금방 고갈되어 더 이상 저당 대부를 할 수 없기 때문이다.

• CB연체이력

신용대출에 있어 연체되었던 이력이다. 은행, 보험사, 카드사, 캐피탈사, 저축은행 등의 금융권에서 5만 원 이상 금액을 5일 이상 연체한 경우, 해당 내역을 확인 할 수 있다(업권마다 제공되는 금액과 기간이 다를 수 있다).

• P2P 금융

전통적 의미의 금융회사를 거치지 않고 온라인을 통해 투자자들과 좀 더 합리적인 이자율로 자금을 필요로 하는 대출자들을 서로 중개해 주는 온라인 플랫폼(대출자와 투자자 모두에게 합리적인 이율을 제공한다는 큰 장점이 있다) 서비스 금융 상품이다.